Conspiração de Nuvens

Coleção Lygia Fagundes Telles

LIVROS DE LYGIA FAGUNDES TELLES
PUBLICADOS PELA COMPANHIA DAS LETRAS

Ciranda de Pedra 1954, 2009
Verão no Aquário 1963, 2010
Antes do Baile Verde 1970, 2009
As Meninas 1973, 2009
Seminário dos Ratos 1977, 2009
A Disciplina do Amor 1980, 2010
As Horas Nuas 1989, 2010
A Estrutura da Bolha de Sabão 1991, 2010
A Noite Escura e Mais Eu 1995, 2009
Invenção e Memória 2000, 2009
Durante Aquele Estranho Chá 2002, 2010
Histórias de Mistério 2002, 2010
Conspiração de Nuvens 2007, 2025
Passaporte para a China 2011
O Segredo e Outras Histórias de Descoberta 2012
Um Coração Ardente 2012
Os Contos 2018

Lygia
Fagundes
Telles

Conspiração de Nuvens

Memória e ficção

Nova edição revista pela autora

POSFÁCIO DE
Lúcia Telles

COMPANHIA DAS LETRAS

Grafia atualizada segundo o Acordo
Ortográfico da Língua Portuguesa de 1990,
que entrou em vigor no Brasil em 2009.

CAPA E PROJETO GRÁFICO
Raul Loureiro
sobre detalhe de *Ingênuo*, de Beatriz Milhazes, 2020,
tinta acrílica sobre tela, 190 × 160 cm.
Reprodução de Pepe Schettino. © Beatriz Milhazes Studio.

ORGANIZAÇÃO
Suênio Campos de Lucena

PREPARAÇÃO
Cristina Yamazaki

REVISÃO
Marina Nogueira
Adriana Bairrada

Dados Internacionais de Catalogação na Publicação (CIP)
(Câmara Brasileira do Livro, SP, Brasil)

Telles, Lygia Fagundes, 1918-2022
Conspiração de Nuvens : Memória e ficção / Lygia Fagundes Telles ; posfácio de Lúcia Telles. — 1ª ed. — São Paulo : Companhia das Letras, 2025.

"Nova edição revista pela autora"
ISBN 978-85-359-3686-5

1. Crônicas brasileiras I. Telles, Lúcia. II. Título

25-263570 CDD-B869.8

Índice para catálogo sistemático:
1. Crônicas : Literatura brasileira B869.8
Cibele Maria Dias – Bibliotecária – CRB-8/9427

EDITORA SCHWARCZ S.A.
Rua Bandeira Paulista, 702, cj. 32
04532-002 — São Paulo — SP
Telefone: (11) 3707-3500
Fax: (11) 3707-3501
www.companhiadasletras.com.br
www.blogdacompanhia.com.br
facebook.com/companhiadasletras
instagram.com/companhiadasletras
x.com/cialetras

Para Lúcia e Margarida,
minhas netas

Sumário

Conspiração de Nuvens

Elzira

Esta é uma história verdadeira, contada por minha mãe no tempo em que morávamos em Sertãozinho. Os meus irmãos mais velhos estavam internados em colégios na capital ao passo que eu, a caçula, seguia com a família naquelas andanças de cidade em cidade com o meu pai promotor público, um homem muito alto, que gostava de jogar cartas e de fumar charutos. Parecia mais alegre do que a minha mãe que também era alta, tocava piano e costumava ler os folhetins que entravam debaixo da porta com o jornal paulistano. No fim do ano ela ajudava a organizar a quermesse em Ribeirão Preto, levando para a barraca a goiabada que fazia no tacho de cobre. As pequenas órfãs, aquelas meninas abandonadas que recolhia para os pequenos serviços, também participavam da família, a mais esperta destinada a ser a minha pajem. Tinha ainda o agregado, que engraxava os sapatos do doutor e cuidava da cachorrada no vasto quintal cercado pelo muro vermelho.

Lembro que nesse feriado não fui à escola das freirinhas, ao lado da Igreja da Imaculada Conceição. Sentei-me na almofada no chão da nossa sala de visitas e enquanto adiantava o meu bordado, ouvia mamãe tocar o piano preto com os castiçais dourados e as velas. Começava por tocar os exercícios do álbum de músicas. Em seguida fechava o álbum, suspirava e tocava as valsas e dentre todas, a minha preferida, *O Coração de Lili*. Pois foi nessa tarde que ela me contou a história de tia Elzira, uma tia-avó lá longe que dedilhava essa valsa no cravo, por acaso eu sabia o que era um cravo? Fiquei pensativa, cravo?... Conhecia, sim, aquela flor perfumada mas esse cravo no qual essa tia Elzira tocava as valsinhas, hein?... Minha mãe sentou-se na cadeira de balanço e apontou para o piano.

— Pois o cravo foi inventado antes do piano e era também um instrumento musical com cordas e teclado, apenas mais simples, está entendendo? Num pequeno cravo essa tia-avó tocou pela primeira vez *O Coração de Lili*. A bela Elzira que morreu ainda mocinha, antes de completar vinte anos. Elzira, a morta virgem...

— Morta virgem?

— Pois foi como ficou conhecida na época. Virgem porque nunca conheceu nenhum homem, como diz a Bíblia, virgem como as freirinhas lá do seu colégio, entendeu agora?

Fiz que sim com a cabeça. Minha mãe entrelaçou as mãos no peito, fez aquela cara séria e começou a contar, pois essa mocinha muito bonita e romântica, eu sabia o que era romantismo? No romantismo as pessoas eram mais sentimentais, fugiam da realidade... Os homens usavam bigodes e roupas severas enquanto as mulheres usavam longos vestidos, os braços cobertos, gola fechada e os cabelos presos no penteado alto. As mocinhas, também recatadas, usavam o cabelo preso na nuca por grandes laçarotes e costumavam escrever em diários os seus pensamentos, isso as que sabiam escrever. Pois a tia Elzira também tinha um diário, escrevia poesias. E no cravo ia compondo aquelas valsinhas, enfim, uma artista! Até que um dia, vindo de São Paulo, chegou à pequena cidade um jovem médico recém-formado, viera visitar a família, o doutor Paixão...

— Doutor Paixão?

— Era o nome dele, doutor Paixão, um moço moreno, de traços fortes e bela cabeleira ondulada. A família do jovem médico morava perto do grande sobrado azul do fazendeiro, pai de Elzira. Debruçada na janela Elzira via aquele moço passar a cavalo todas as tardes, todas as tardes... Cumprimentavam-se e pronto, mais nada. Com o tempo ela chegava a sorrir e ele também sorria, tocando na aba do chapéu. Foram apresentados na saída de uma novena, no Largo da Matriz, e foi então que desabrochou aquele amor fulminante, apenas se tocaram e já ficaram vidrados de amor...

— Vidrados?

— Vidrados. E até hoje, filha, eu fico pensando, mas como foi possível acontecer uma coisa dessas, um amor tão afogueado nascer assim do nada...

Recolhi o meu bordado e fiquei esperando. Mamãe arqueou as sobrancelhas pensativas e ficou olhando para o chão, como se nas largas tábuas do assoalho estivesse escrito o que foi dizendo.

— O jovem médico apresentou-se à família e pediu a mão da bela Elzira. Avisou que não era rico mas tinha a promessa de um bom emprego e já trabalhava com uma equipe de grandes médicos...

— E então?

Minha mãe suspirou e voltou a olhar para o teto.

— Então a orgulhosa família dos abastados fazendeiros recusou o pretendente porque ele era mulato, o doutor Paixão era mulato, filho de mãe preta e pai branco, enfim, tinha um pé na cozinha. Moço culto e com futuro, mas aquele preconceito.

— Preconceito?

— Sim, o preconceito, a intolerância — ela exclamou com impaciência. Fez uma pausa. E prosseguiu num tom mais calmo: — Pois preconceito é essa aversão a outras raças, aversão aos pretos. Aversão aos índios, entendeu agora? Aquela minha gente lá longe achou que era até uma afronta o mestiço pobre pretender a bela jovem. Foi um escândalo na pequena cidade, um escândalo! Elzira ficou desesperada, ah, que ele insistisse, tinham que lutar com paciência! Mas o doutor Paixão, ferido até o fundo d'alma, estava demais revoltado. E foi assim de repente, na maior exaltação que ele fez a mala e resolveu ir embora, partir. Aconteceu numa noite de tempestade. Escreveu um breve bilhete para a amada e foi para a estação, seguiria no primeiro trem. Então, às escondidas, tia Elzira saiu de casa e correu para a estação, queria pedir ao amado que não desistisse, ela dobraria a família... No meio da tempestade, desgrenhados e em prantos, os dois se abraçaram pela primeira e última vez, abraçaram-se tão apaixonadamente, ah, tão apaixonadamente...

Minha mãe cruzou novamente as mãos no peito. E prosseguiu contando em voz baixa que Elzira voltou para casa, sim, mas voltou outra pessoa. Silenciosa, sem a menor queixa, continuou aquela vida aparentemente normal mas na realidade era como se estivesse vazia por dentro, está me entendendo? Comia pouco, falava pouco. Nunca mais tocou no cravo. Sim, ainda escrevia, mas sem a antiga chama, não queria mais nada, ou melhor, queria apenas morrer. E para apressar essa morte, todas as noites, antes de dormir, debaixo da camisola, apertava contra o corpo uma toalha molhada. Quando ficou tuberculosa, pareceu enfim mais tranquila. Desesperados, os pais bem que tentaram encontrar o moço, que ele voltasse depressa, era o único que poderia salvá-la, mas a família dele já tinha se mudado sem deixar o endereço. E como encontrar o jovem médico na cidade grande?

— Então ela morreu...

— Exatamente seis meses depois que ele foi embora. Seu último pedido foi que tocassem no cravo aquela valsinha, *O Coração de Lili*. E que enchessem o travesseiro do caixão com todas aquelas poesias que escreveu. Mas eram tantas as folhas, eram tantas que tiveram de encher também o pequeno colchão de cetim branco.

— Nossa!...

Minha mãe levantou-se e com voz forte avisou que agora vinha um pedaço bonito, Ah, tão bonito! repetiu com um sorriso. Tia Elzira morreu em pleno inverno, na manhã gelada não havia uma só flor em nenhum jardim, todos tão tristes, mas não tinha nenhuma flor, ao menos uma florzinha para enfeitar o caixão?! Pois nesse instante chegou ao sobrado azul um jovem mensageiro com uma bela braçada de lírios. O ramo de flores estava sem cartão e quando alguém correu para falar com o mensageiro, ele já tinha desaparecido, o mensageiro era um Anjo!

— Um Anjo — eu repeti baixinho. E quis fazer perguntas mas a minha mãe foi saindo apressadamente da sala, estava na hora de fazer a goiabada.

Depois do jantar, a meninada da escola veio até a escada de pedra da nossa casa. Era a hora das histórias. Sentei-me no último degrau e botei o Mimo no colo, o mais preto e o mais esquelético dos nossos cachorros. A pajem contou dois casos que foi inventando na hora, o primo repetiu o mesmo enredo de fantasmas que tinha contado na véspera e quando chegou a minha vez, sacudi a cabeça e não falei nada.

Bolas de Sabão

As perguntas e esta perplexidade porque não sei as respostas. Ou às vezes sei, mas elas não coincidem com o que o perguntador esperava ouvir. Uma estudante de letras quis saber por que eliminei a personagem mais interessante do livro *As Meninas*, Por que a mais instigante das três tinha que morrer? Sim, a Ana Clara, que as outras chamavam de Ana Turva, tão imaginosa e sedutora apesar das drogas e logo essa eu condenei à morte?! Encarei a estudante com estranheza, ela falou em condenação? Mas isso implicava em julgamento, o que me repugnava fazer na vida e no ofício, julgar e condenar. Não era do meu feitio, considerava a personagem um ser livre, cada qual na sua, como se diz. Fechar vidas e enredos com a toga de juiz nunca me agradou, costumava deixar minhas personagens livres e apenas segui-las na sua natural evolução. Afinal, aquela Ana Clara tão desatinada estava caminhando naturalmente para o fim que ela mesma foi tecendo, era ligada às drogas mas também era ligada a Deus, não rezava, não ia à igreja, mas mergulhada no fervor divino só na morte poderia encontrar a libertação.

Dois adolescentes interpelaram com veemência esta autora,

o debate era sobre o conto *Natal na Barca*. O primeiro jovem negava enfático o milagre na noite de Natal, na travessia da barca naquela noite negra a criança que a mãe ninava nos braços esteve viva o tempo todo, não houve a tal morte que a passageira anunciou, Quando a senhora levantou o xale e olhou para o nenê no colo da mãe ele estava vivo, talvez dormindo mas vivo, sempre esteve vivo, não ressuscitou na chegada da barca. O outro adolescente interferiu em tom colérico, Foi milagre sim, o milagre do Natal! O nenê estava morto nos braços da mãe que não percebeu, mas a senhora viu que ele estava morto e depois que estava vivo quando a barca atracou, a mãe acreditava em Deus, lembra? E Deus fez o milagre na barca que atravessava o rio escuro e gelado mas que ao amanhecer ficava verde e quente. Chegou a minha vez e comecei por dizer que o conto tinha um foco narrador mas eu não era esse foco, transmitia os acontecimentos e pronto, era o meu papel sem tomar partido. Ora, estavam ali duas opiniões contrárias. Duas doutrinas. Pois ambas estavam certas porque a decisão cabia mesmo ao leitor, foi milagre? Não foi? Que cada qual ficasse com sua convicção e essa seria a verdade.

Mais perguntas. Uma simpática leitora quis saber o que foi feito da jovem terapeuta que se apaixonou pelo vizinho do andar superior do edifício, ele chegava com a noite e virava um cavalo. Era tão excitante e dolorida essa metamorfose, ah! os ruídos do cavalo e da terapeuta se espojando no chão. O que foi feito dessa moça? Sacudi a cabeça, também não sei e então rimos juntas, *As Horas Nuas* têm seus mistérios.

O poeta já maduro indagou se as duas jovens primas que foram morar juntas na pensão dos horrores eram lésbicas. Respondi que quando escrevi o conto pensei em ambas como simples testemunhas, duas pobres estudantes dividindo o mesmo quarto e vendo as formigas montando aos poucos os ossinhos do anão dentro do caixote debaixo da cama. O conto se chama *As Formigas* porque eram elas que apareciam todas as noites em fila indiana, organizadas feito um verdadeiro exército refazendo o esqueleto do anão. As duas estudantes apavoradas eram lésbicas? Esse detalhe não me passou pela cabeça, mas se o poeta entendeu assim...

Um escritor português quis saber se o meu conto *Helga*, que ele achou demasiado cruel, foi memória ou invenção. Metade memória e metade invenção, respondi. A memória estava na notícia que li num jornal, a página trazia algumas excentricidades da Segunda Guerra Mundial e entre essas estava aquela que me fisgou: um soldado metade alemão, metade brasileiro, que discretamente participou das hordas de Hitler, conheceu em Düsseldorf uma jovem e bela alemã, Helga. Essa Helga perdera a perna — direita ou esquerda? — num bombardeio e com grande sacrifício o pai comprou uma perna artificial, muito cara e rara na época. Com naturalidade ela andava com essa perna mecânica escondida por longos vestidos que chegavam até o chão. Pois o jovem teuto-brasileiro, sem poder voltar ao Brasil porque seria encarcerado como traidor, conheceu essa discreta Helga, enamorou-se dela e pediu-a em casamento. A novidade é que na noite de núpcias ele fugiu furtando a perna mecânica enrolada no capote, e que segundo seus cálculos seria o capital inicial para futuros negócios.

A curta notícia que li no jornal era apenas essa e que me deixou estarrecida, meu Deus! Na noite de amor ele pegou a perna — direita ou esquerda? — e desapareceu para sempre. Querendo me livrar da lembrança resolvi escrever o conto e aí começa a invenção: um ginasiano de Santa Catarina, filho de pai brasileiro e mãe alemã, empolgou-se com a guerra e resolveu participar do conflito viajando para a Alemanha, Alemanha de Hitler, é bom lembrar. Lá frequentou as Casas da Juventude que aceitavam jovens do mundo oferecendo cursos de aperfeiçoamento, esportes e treinos.

O jovem Paulo Silva, assumindo o nome Paul Karsten, mal entrou na guerra que já estava no fim e sem poder voltar para o Brasil, foi ficando por lá fazendo pequenos negócios até descobrir o negócio maior, o casamento com a suave Helga e o furto da perna mecânica. Prossegue a invenção. Paulo Silva acabou voltando anistiado, rico e virtuoso, mas tão atormentado que procurou os maiores psiquiatras para explicar o inexplicável, na noite de núpcias esconder a perna mecânica da noiva e fugir?! É bom insistir, virtuoso e procurando até a morte por uma resposta, ah! que difícil apagar a lembrança daquela noite em que a doce Helga acordou do seu sonho de amor e viu o leito vazio e vazia a cadeira onde deixara a perna, direita ou esquerda? Da minha parte é o que posso esclarecer porque é complicado lidar com a memória enleada na invenção, ficou um conto cruel?

As interpretações que seguem trilhas paralelas às da realidade e vigoram como sendo verdadeiras instalam-se e tomam o lugar das trilhas reais, a lenda é sedutora. Daqui a cem anos se alguém ainda se lembrar desta autora, não irá criar trilhas em torno da minha existência? No futuro o passado inventado não será mais válido do que o verdadeiro? Por ora ainda estou aqui para contestar, mas e depois?! Enfim, será também como tudo o que escrevi e escapou do meu controle.

Um universitário me ofereceu um botão de rosa mas na haste estava o espinho, Qual dos seus contos teria sido o mais difícil e que a fez sofrer? Fiquei um instante pensando e de repente consegui responder. Conversando com Paulo Emílio, ele disse que um amigo em Paris, um físico, estudava a estrutura da bolha de sabão. Fiquei curiosa, a estrutura da bolha de sabão? Como era possível alguém se interessar por uma coisa assim tão vaga? Paulo Emílio encolheu os ombros, também estranhou, esses físicos descobrem tudo, futucam tudo, não tinha detalhes, era o que ele estudava. Então cerrei os olhos e como num sonho me vieram as lembranças das chácaras e quintais da minha meninice onde soprava as bolhas de sabão: enchia a caneca com sabão dissolvido na água, colhia o mais fino canudo do mamoeiro e sentada debaixo da mangueira ficava soprando as minhas bolhas. Bolas de sabão e não bolhas, alguém me alertou. Está certo, bolas, ah! como eram belas essas bolas coloridas que se desprendiam do canudo e iam subindo redondas e transparentes na mais delicada das mágicas. Película e oco. Era uma operação que exigia cuidado porque com o sopro forte a bola estourava no meu queixo. O sopro fraco também não funcionava porque assim elas nasciam tímidas e antes mesmo de se desprenderem desfaziam-se em espuma. Era preciso paciência até descobrir o sopro exato para que subissem gloriosas refletindo o verde da folhagem e o azul do céu... A operação seguinte era tentar com o sopro defendê-las na subida para que não se chocassem na cerca, no muro, Por aí não, olha o limoeiro!... Bolas que tinham mil olhos e eram cegas.

Aparentemente não pensei mais no assunto mas quando um dia me sentei para escrever *A Estrutura da Bolha de Sabão* já tinha intuído que a imagem da bola era a imagem do amor. E a estrutura dessa bola? Calma, pensei, era preciso inventar um enredo que envolvesse essa imagem. E só lá adiante vou descobrir (ou não) como funciona essa tal de estrutura que deve ser assim como o próprio ser humano, indefinível, inacessível. E incontrolável.

Eu Voltarei!

No muro do cemitério ao lado do portão, com letras negras e desordenadas, estava escrito EU VOLTAREI!

Pergunto agora: será esta uma época propícia para os mortos voltarem? A cidade tão tumultuada, tanta poluição, tantas greves e os assaltos e sequestros se multiplicando, nas penitenciárias há comandos do crime. Vulgaridade e violência num galope livre nas zonas da burguesia e da periferia onde os rios morrem e as árvores agonizam. EU VOLTAREI! aquele lá avisou, e agora me ocorre que ainda existem ameaças de guerrilhas, mas não foi suficiente tamanha matança na guerra maior? Pelo visto não, porque os anos de guerra superaram e muito os tempos da pomba branca com o ramo verde no bico. Os jovens estão fugindo para outros países, sim, aqui tem aquele céu estrelado, a paisagem e o mar mas é lá longe que eles esperam realizar seus sonhos.

Um momento, eu falei no mar? Pois o mar em transe subiu e avançou enfurecido, Estou recuperando o que era meu! Vejo a natureza perdendo a paciência com o reinado do ser humano, o que fez Dom Policarpo, um santo da Antiguidade, cair de joelhos lá em Smyrna e exclamar, Meu Deus, em que século me fizeste nascer!

E a máquina do consumismo a todo vapor, difícil escapar da engrenagem infernal dos shoppings e das galerias, comprar, comprar, comprar... Nos intervalos, comer para voltar a comprar porque tudo é ali mesmo por perto, não perder o ritmo. Tempo é dinheiro! repete o funcionário de um banco que batizou o filho com o nome de Dólar, mas quando o Dólar está em baixa fica o apelido, Dodô.

A moda é não resistir às três palavras soberanas, Denúncia, Evento e Imperdível. A fúria das denúncias políticas cresceu tanto que elas já perderam a importância, o povo acabou ficando assim anestesiado, lê, escuta e esquece porque depois não acontece mesmo nada, denunciantes e denunciados afundam no buraco negro da memória nacional.

Evento é outra palavra flutuando na ventania, tudo é evento, a festa e o espetáculo, o batizado e a morte, até a morte? A morte sim, não esquecer a jovem conversando com a amiga no elevador, Hoje não vou ao cinema porque surgiu um evento, morreu meu tio e o enterro é agora.

Imperdível, eis aí outra palavra que reina na máquina publicitária, é imperdível aquele carro, qual? O carro que vem com um terapeuta embutido, o motorista entra, fecha a porta e ouve a voz que vem do painel aceso, O problema é de ordem real ou existencial? Se for real, de natureza física, aperte no painel o botão vermelho.

EU VOLTAREI! ele escreveu no muro do cemitério. Pergunto agora se por acaso esse desertor é negro. Se for negro quero lembrar que ainda vigora o preconceito, disfarçado mas atuante, onde o emprego? Onde a escola? E não adianta tingir o cabelo de louro porque o preconceituoso tem olho vivo, Todo brasileiro é mestiço senão no sangue nas ideias, escreveu Sílvio Romero há mais de cem anos.

O desertor mulher também não irá encontrar um clima ideal porque os homens perderam o respeito pelo sexo considerado inferior apesar das conquistas, algumas reais e outras ilusórias.

Casadas, amasiadas e solteiras andam levando bordoada por dá cá aquela palha. Repletas as delegacias da mulher com olho roxo e nariz quebrado. Tirante aquelas que não dão queixa, segundo o noticiário uma mulher no Brasil é espancada a cada quinze segundos.

Esperar pelo Natal que seria uma época ideal para essa volta anunciada? Mas o Natal já vem se misturando ao Carnaval, os viciados consumistas não podem pensar em meditação ou recolhimento com todas as lojas fazendo ofertas extraordinárias.

Um chefe de família da classe média que escapou de um recente assalto chega em casa e respira tão aliviado, a penumbra da sala com o gato cochilando na almofada com o seu mistério e o cachorro sorridente e sem mistério pedindo um afago. Então o homem afunda na poltrona e sonha com uma música singela do tipo das toadas sertanejas, que não exigem maior atenção, ou quem sabe a leitura de um livro não solicitante, daqueles que a gente lê pulando as páginas sem remorso. Fecha os olhos, a trégua. Então entra a mulher aos gritos, A festa já começou e você desse jeito, já fez a barba? E vem o filho adolescente, liga a televisão no volume máximo e lembra, E o dinheiro, pai? Hoje tem balada!

EU VOLTAREI! o futuro desertor avisou no muro. Preciso ainda lembrar que um conceituado vereador já entrou com um importante projeto de lei, acabar com os cemitérios! Com tempos assim tão difíceis e esse desperdício de terra, tudo anti-higiênico e antiquado, lamenta o político interessado numa transação imobiliária. Chega de sentimentalismo! ele queixou-se a um jornalista. Meu plano é construir nessas terras esvaziadas um espaço cultural ou um estacionamento, qual a sua opinião? O jornalista sacudiu a cabeça e pensou com seus botões, Nesse andar, antes que venha a ordem de despejo é aconselhável que os falecidos comecem a sair desde já levando o próprio caixão na cabeça.

Refletindo melhor creio que vivos e mortos não devem se preocupar, afinal, são tão numerosas as pilhas de processos urgentes aguardando solução, montanhas de processos, montanhas: E esse projeto de lei é tão polêmico, certamente alguém recorrerá ao Poder Judiciário, mais tempo paralisando a papelada, e daí? Então é esperar que a montanha vá baixando, baixando e quem sabe daqui a mil anos?...

EU VOLTAREI! ameaçou o desertor mas quem passar hoje por aquele muro já não lerá mais nada.

Machado de Assis

Na tarde de 20 de julho de 1897 foi fundada a Academia Brasileira de Letras. O escritor Machado de Assis, um mestiço meio gago e pobre, o menino do Morro do Livramento que vendia caramelos num tabuleiro, era agora aquele homem de *pince-nez* e colarinho duro, o primeiro presidente dessa Academia. Casado com a bem-amada Carolina, uma portuguesa, moravam numa espaçosa casa na Rua Cosme Velho. Fico me perguntando se ela estaria nessa reunião que ele presidiu.

Acrescentava Machado de Assis no discurso que a instituição acadêmica nascia com a alma nova naturalmente ambiciosa, exigindo "não só a compreensão pública, mas ainda e principalmente a vossa constância. A Academia Francesa de Letras, pela qual esta se modelou, sobrevive aos acontecimentos de toda casta, às escolas literárias e às transformações civis. A vossa há de querer ter as mesmas feições de estabilidade e progresso. Já o batismo das suas cadeiras com os nomes preclaros e saudosos da ficção, da lírica, da crítica e da eloquência nacionais é indício de que a tradição é o seu primeiro voto". Mais algumas poucas palavras de esperança e o anúncio: "Está aberta a sessão".

A casa continua bem no centro do Rio de Janeiro, o Petit Trianon com sua fachada despretensiosa. Sóbria. As quatro colunas entre as grandes janelas no feitio dos casarões da época. As salas espaçosas com seus móveis antigos. Os objetos. Os quadros "olhando ontem", ele usava essa expressão. O poeta Carlos Drummond de Andrade achava insuportável o cheiro da memória mas é evidente que se referia a uma memória pessoal, particular e não a essa memória literária, defendida na distância. Machado de Assis, o maior escritor brasileiro de todos os tempos, e agora não resisto, quero lembrar aqui os títulos dos romances da minha paixão, *Memórias Póstumas de Brás Cubas*, *Dom Casmurro* e *Quincas Borba*. Ah, não esquecer os contos. E a poesia que rompeu com os preconceitos da época ao fazer a rara ligação da beleza com a verdade. Quem mais conseguiu num estilo assim apurado desvendar o trágico sentimento do cotidiano? E sem perder o humor, a graça da vida.

Tarde de sol de uma quinta-feira. Subo a velha escada de pedra da Academia e sigo na direção da estátua de Machado de Assis, gosto de ficar olhando para o bruxo sentado com sua bigodeira e o *pince-nez* ajustado no nariz forte, a fronte espaçosa e pensativa. Ando um pouco em redor e acabo por me sentar num banco próximo, ainda é cedo para a sessão. Abro o jornal, percorro o olhar pelas notícias e instintivamente vou recuando, a violência, a violência! Lá no tempo dele a coisa não era assim mas já devia dar os seus indícios, afinal, o ser humano, ai de nós, desde o bíblico primeiro homicídio, lembra? Caim matando Abel e respondendo ao Senhor que pergunta por Abel, Não sei dele, por acaso sou o guarda do meu irmão?

A natureza humana sem controle e sem explicação, e isso vem de longe, aquele lá da estátua sabia que o sedutor ou o repulsivo, o jovem ou o velho, o amado ou desamado, na paz ou na guerra — ah! ele sabia que esse ser inocente ou culpado não tem mesmo explicação. Afinal, não é em vão que se esmerou no ofício de "remexer a alma e a vida dos outros". Embuçado. Caviloso — eis duas expressões que estavam na moda e às quais Machado de Assis veladamente recorreu em várias ocasiões. Diz o dicionário que o embuçado tem o rosto coberto por uma parte da capa e que essa parte seria a gola. E caviloso? Caviloso é aquele que exige maior atenção porque pode ser perigoso.

Cave canem! era a inscrição em latim logo à entrada de certas casas romanas, *Cuidado com o cão!* Descartado o cachorro, esse alguém caviloso pode seduzir ou envolver aquele que lhe abriu a porta, o caviloso é astuto. Penumbroso. Na ambiguidade dessa penumbra estaria o mais importante traço do estilo machadiano. E tudo isso naquela linguagem tão clara e que vai fluindo assim naturalmente como um calmo deslizar de um rio. Então o leitor vai avançando até que na aparente clareza dessas águas começam a aparecer certos coágulos de sombra, um aqui, outro adiante... Mas de onde vieram? Esses coágulos. E essa repentina névoa? Névoa delicada mas perversa, que obriga a personagem a levantar aquela gola da capa. A cara antes tão exposta fica meio escondida. A trama ou o enredo, tão nítido antes, começa a enveredar por um caminho que vai ficando incerto. Duvidoso. Não, as coisas não são simples, Mas o que está acontecendo? pergunta o leitor meio perplexo, mas no fundo se divertindo porque o enredo é bem-humorado, mas com um humor melancólico e que mesmo assim ainda faz sorrir.

Olho o meu relógio-pulseira, tenho ainda alguns minutos. Então vejo uma mulher modestamente vestida subindo a escada com um menino no colo. Sobe a escada, para e me acena através da grade de ferro do portão. Vou na direção da mulher com o menino, ele deve ter algum problema nas pernas porque já é crescido e continua montado na mãe. Ela deixa a sacola no degrau da escada, abre o sorriso e aponta para a Academia.

— Que casa tão bonita! De quem é?

— De Machado de Assis — eu digo, e enfio a mão por entre a grade e faço uma carícia na cabeça do menino que mostra os dentes fracos.

O tênis nos pés é limpo mas com os bicos rotos. Ali estava a soma das três raças tristes. Ou alegres? A pele da mulher curiosamente era clara mas vigorava a raça negra nos traços. No menino o cabelo liso e os olhos quase oblíquos marcavam a presença do índio.

O porteiro da Academia já vem se aproximando e ela faz a pergunta, O dono da casa não está? Sem esperar pela resposta ela baixa o tom de voz para esclarecer que mora longe, veio ao hospital por causa do menino mas... — fez um gesto vago — acabou por se perder na confusão de tantas ruas, agora quer saber onde fica a estação de metrô mais próxima, está aflita porque não sabe ler, acrescenta tirando do bolso do casaco um papel. Mostra ao porteiro. Eu moro aqui, está vendo? Se o senhor me falar onde fica esse tal de metrô então vou puxando o meu carro...

Vejo que ela confia mais no porteiro do que em mim. Ele examina o papel com o endereço. O metrô é próximo daqui, acrescenta e atenciosamente já ia abrir o portão, quem sabe ela queria descansar um pouco no banco? Ela agradeceu, estava com muita pressa porque morava longe e tinha que chegar logo para fazer o jantar, disse e indicou com o queixo o menino, Tenho mais quatro lá me esperando! Meu marido deu de beber e sumiu de casa, o primo dele se enforcou na árvore mas Deus é Pai e não vai deixar acontecer isso. Só hoje, depois de duas vezes o doutor me atendeu lá no hospital e me deu a receita, agora o senhor me ajuda a achar essa estação...

Abro a carteira e o menino abre o sorriso, Para o seu chocolate, digo e ele sussurra como quem pede desculpas, Prefiro sorvete.

O porteiro aproxima-se, apanha a sacola no degrau da escada e ajuda a mulher a ajeitar melhor o menino no colo. Ela então volta-se para mim. Tive a intuição de que me achava ligada ao tal dono da casa, É tão bonita! repetiu enquanto descia a escada e fez um último gesto, Deus lhe pague!

Antes de entrar parei diante da estátua de Machado de Assis. Acenei-lhe. Eu disse que o dono estava mas não podia atender.

Fim de Primavera

Na Rua Marconi ficava a Livraria Jaraguá, de Alfredo Mesquita, frequentada pela jovem intelectualidade da Faculdade de Filosofia de São Paulo, aquela "São Paulo, comoção de minha vida!" — no desabafo ardente de Mário de Andrade. No entardecer lá iam conversar alguns dos fundadores da revista *Clima*, Antonio Candido, Paulo Emílio Sales Gomes, Décio de Almeida Prado, Lourival Gomes Machado e Ruy Coelho, todos da geração que Oswald de Andrade apelidou de Chato-boys: Com oito anos eles já liam Proust e com dez já discutiam Spengler, não aguento tanta precocidade! Ele disparava e Alfredo Mesquita dava a sua risadinha cascateante.

Nesses verdes anos, depois das aulas, na volta para casa eu ia até a Rua Marconi e ficava olhando a vitrine de livros de um bom gosto tão apurado. Às vezes entrava na livraria fascinada pela mesa no centro da sala com os álbuns de arte expostos e, bem no meio, o grande globo terrestre que eu gostava de fazer girar, eh! mundão. No lado esquerdo, meia dúzia de cadeiras para os visitantes. Falar eu não falava, mas ouvia as inflamadas conversas sobre literatura, teatro, cinema, política... No ar, o cheiro sedutor das broinhas quentes servidas na sala de chá que ficava no fundo da livraria.

A renovação dos frequentadores fazia-se naturalmente com a passagem do tempo, entre os conhecidos começaram a aparecer os sobrinhos do tio Alfredo: Jorge e Paulo Mendonça, Júlio de Mesquita Neto, Ruy Mesquita e Carlão, o mais jovem e o mais irônico de todos. E ainda aqueles que Hilda Hilst chamava de *amiguelhos*, Cláudio Abramo, Barros Pinto, Arthur Piza, Carlos Vergueiro e Abílio Pereira de Almeida, já empolgado pelo teatro.

Na minha juvenil insegurança eu gostava das citações pomposas e nelas entrava Cícero, nas *Catilinárias, Ó tempos, Ó costumes!* repetia nas passeatas políticas organizadas pelo Centro Acadêmico XI de Agosto contra a ditadura Getúlio Vargas. A tática era conhecida, as meninas iam sempre na primeira fila e levando a bandeira brasileira no caso da polícia vir nos atacar. Veio. Então enveredei para a Rua Marconi e cheguei resfolegante à livraria. Foi fechada a porta e o governo foi criticado com tanto furor e humor que o austero Barros Pinto teve de tirar o cachimbo para poder rir mais livremente.

Era com respeito que eu olhava para aquele Alfredo Mesquita elegante e cortês, mas não acessível. Ao contrário, via-o fechado em sua natureza mais profunda, de um certo modo assim como um esgrimista sempre na defensiva, sem baixar a guarda. Mas se eu não conseguia alcançá-lo, ele me alcançou, ah, sabia que eu ia ficar radiante e ao mesmo tempo assustada com aquele convite para participar do grupo de teatro amador que estava organizando. Minhas preocupações? Não, não eram os estudos, a média estava garantida na Faculdade. Mas e a minha carreira? De letras, é claro. Subir num palco não ia confundir essa imagem? Tinha ainda minha mãe que era preconceituosa, eu já frequentava uma escola de homens e agora virar uma artista?!...

Estávamos tomando um chá na mesa da livraria. E ele insistindo, mas era um teatro só de amadores! Por acaso algum editor iria vacilar diante dessa minha experiência teatral? Algum namorado iria recuar na proposta de casamento? Confessei então que não tinha nem editor nem pretendentes no meu horizonte. Ele riu, eu gostava daquela sua risadinha de uma alegria assim de cascata leve e sonora, E então? Minha mãe? Pois falaria com ela. Você vai gostar do seu papel nessa peça que acabei de escrever, *Heffman*. Fique já com uma cópia.

Os ensaios noturnos eram na bela casa de Alfredo Mesquita, no bairro de Higienópolis. Ou então depois do expediente, na sala de chá da livraria.

O enredo da peça pareceu-me sedutor com aquele Heffman, um jovem estrangeiro que seria uma espécie de fermento daquele grupo perplexo de moços, a perplexidade estava dentro e fora do palco. Ele aparece assim como um líder apontando rumos, deixa-se amar por todos, principalmente pela romântica mocinha que eu representava. Até que chega a amiga estrangeira e misteriosa com a mensagem, ele estava sendo chamado para cumprir sua missão lá longe, que missão era essa? Emocionado, Heffman vai se despedindo dos amigos, Adeus!... Nesse pedaço eu devia entrar com a minha fala, Heffman, não me abandone!

Fiquei livre para interpretar o papel até chegar aquela noite de ensaio na livraria, quando Alfredo Mesquita discretamente me levou para a sala da frente e observou, Você diz "Heffman, não me abandone!" num tom assim de quem pede um suco de laranja... Mais emoção na voz, menina! Você está desesperada!...

Baixei a cabeça, sentidíssima, afinal, nessa idade qualquer palavra ou gesto de rejeição e pronto, o olho já fica aguado. Ele passou a mão na minha cabeça, Vamos lá, sem problema! Não podia mesmo ser diferente, qual é a experiência que você tem de rupturas? Vai ser melhor na próxima vez, vamos ensaiar?

Ofereceu-me um caramelo de leite que tirou da gaveta da mesa enquanto fiquei ouvindo as vozes dos atores que conversavam lá na sala de chá. Fácil reconhecer a bela voz de Ruy Mesquita, o vozeirão profundo de Paulo Mendonça e a voz delicada mas nítida de Jean Meyer com seu sotaque francês, ele era o Heffman. Aquela risada tão gostosa era de uma das irmãs Hipólito, qual delas?

A peça foi um sucesso e fez sucesso também o Grupo de Teatro Experimental que ele fundou com Décio de Almeida Prado. E o sonhador Alfredo Mesquita levou adiante os seus sonhos, com Clóvis Graciano fundou as Edições Gaveta e, mais tarde, com um jovem grupo de gente de teatro, fundou a Escola de Arte Dramática, onde lecionou durante alguns anos. Publicou livros de contos, memórias e ainda teve forças para inventar o pequeno sítio em Itatiba, interior de São Paulo, onde cuidava com especial carinho do cafezal. Durante um jantar, eufórico, deu a notícia, Pois minha plantação está dando lucro, não é um milagre?

Tantos anos depois eu estava nesse sítio naquele fim de primavera. Foi a última vez que estive lá e me lembro da beleza das quaresmeiras floridas. Ele veio com um jornal e sentou-se na cadeira de vime, o olhar azul perdido nas lonjuras. Lya, a amada irmã, chegou com o seu cestinho de tricô. Acomodei-me na rede com um livro mas não queria ler, melhor ficar vendo da janela a pequena sala com seus móveis antigos. Poucos objetos. Alguns retratos. As claras tábuas do chão lavado pareciam acetinadas de tão lustrosas. No velho toca-discos, Vivaldi na última faixa, *Allegro non molto.*

Alfredo Mesquita afastou o jornal, Paz para mim é ficar vendo este entardecer.

O toca-discos silenciou e a sala foi escurecendo antes do jardim na frente do terraço. Foi ficando mais intenso o perfume de jasmim-do-imperador que eu conhecia bem, era uma flor noturna. Quando anoiteceu completamente ficou só o perfume.

A Quermesse

Tínhamos muitos cachorros, uma cachorrada pobre e sentimental. Tinha um galo que se chamava Chico e vinha comer milho na nossa mão e ainda um papagaio que aprendeu a falar Custódia, nome da mocinha que foi minha pajem e depois fugiu com o trapezista do Circo Galeano. Já fazia tempo que tinha ido embora e o papagaio ainda continuava chamando "Custódia, Custódia!...".

No quintal, uma mangueira, algumas jabuticabeiras e aquela macieira com as pequenas maçãs ácidas e difíceis de serem colhidas. Mas importante mesmo era a quermesse no Largo do Jardim de Descalvado, onde minha mãe tomava conta de uma barraca. Alguns dias antes da quermesse ela saía com duas amigas para arrecadar prendas nas cidades vizinhas, visitavam fábricas, casas de comércio e vinham carregadas de brinquedos, bibelôs, almofadas e bolos, ah! tantos bolos em meio aos doces e caixas de bombons... Elas saíam cedo, voltavam de tardinha e tagarelando sem parar levavam as prendas primeiramente para a nossa sala de visitas, onde iam organizando as pilhas de pacotes. Em seguida, com a mesma rapidez, como se não tivessem feito outra coisa na vida, levavam tudo para o pequeno quarto desocupado lá no fundo do quintal.

Eu e meus irmãos acompanhando o movimento a uma certa distância e sem entender aquela ordem que elas davam às prendas, mas a gente entendia, isso sim, o cheiro que vinha dos pacotes que iam acumulando pelos cantos e no colchão do estrado no quartinho do quintal. Mudos e suplicantes, proibidos de pedir ao menos um pirulito, ficávamos parados na porta. E elas falando e arrumando os bordados e almofadas em cima do colchão. Acabou! anunciava minha mãe saindo do quarto para apagar a luz, trancar a porta e guardar a chave no bolso da saia.

Tínhamos feito a lição de casa? perguntava em meio de um agrado. Pois que fôssemos nos lavar e depressa porque já estava na hora do jantar, Depressa!

Subia a escadinha dos traseiros da casa seguida pelas duas amigas, a mais gordinha delas ficava por último para passar a mão na minha cabeça, E então? Esses lindinhos vão me ajudar na barraca da Pesca Maravilhosa? Sem falta! respondia o meu irmão, mas assim que ela sumia, resmungava, Vaca!

Na véspera da quermesse, aquele rebuliço, meu pai chegando de viagem e chegando a enorme bandeja com o peru assado que ia entrar no leilão do Coronel Cândido.

Em procissão silenciosa fomos atrás da mãe que ajeitou um espaço para a bandeja na máquina de costura, lembrou que o peru podia render e avisou que ia à estação para esperar por papai. Saiu e trancou a porta.

Assim que ela se afastou o meu irmão mais velho deu um forte pontapé na porta. Mandou a cachorrada se calar e ficou olhando para a única janela do quarto, que ficava lá no alto. A janela estava aberta. Então ele riu de repente, era assim mesmo que ele ria quando tinha alguma boa ideia. Agachou-se na direção da janela e deu a ordem ao nosso irmão mais novo, Vai, sobe agora no meu ombro! Suba aqui no meu ombro e subindo em você ela vai alcançar a janela e pular para dentro do quarto e cair direitinho em cima do colchão!

Ela era eu. A segunda ordem veio rápida, Suba nesse banquinho, assim, e agora no ombro dele, não tenha medo! Pronto, já alcançou a janela? Beleza... Enfie as pernas, está vendo a cama? Pule em cima dela e vá pegando as coisas e atirando pela janela, maravilha, a pirâmide humana, como no circo! Depressa, pula!

Obedeci e fui cair no ninho de almofadas. Algum tempo fiquei ali parada sem fala e sem gesto, só olhando. Até que ouvi a ordem lá fora, Pega o bolo de chocolate que está na sacola e depois a caixa grande de bombons, encontrou? Fiz que sim com a cabeça e ele ensinando, Atire primeiro a caixa... Maravilha, já peguei, atire agora a sacola do bolo e também um pacote de cigarros, mas tapando os vazios com outras coisas, entendeu? Eu fazia a pontaria e bumba! acertava direitinho, era fácil, não? Cheguei a pegar a caixa de caramelos quando veio a ordem, Chega senão elas desconfiam, agora pode sair! Pode sair!

Fui até a porta e torci a maçaneta, Estava trancada, é claro, lembrei. Está trancada, eu disse e me voltei para a janela. Fiquei olhando, era muito alta, mesmo subindo na cama... Fui até a máquina de costura e sem saber o que fazer, levantei o papel prateado da bandeja e fiquei olhando o peru. A farofa dourada rompia-lhe o peito e desabava sobre os pêssegos em calda. Toquei num pêssego e lambi o dedo sem vontade. Corri então até a cama, subi nela e gritei, Não posso sair, não posso sair! Um cachorro respondeu com um latido antes de se atracar com outro e saírem os dois ganindo. E o silêncio.

Sem pressa me deitei na cama, me cobri com um pano bordado e me lembrei da história do *Sindbad, O Marujo*, que encontrou um tesouro numa caverna. Daí ele encheu os bolsos de moedas de ouro, esmeraldas, fios de pérolas e quando foi sair com sua riqueza, uma avalanche fechou a entrada da caverna. Ele então sentou-se numa pedra e ficou olhando o tesouro. Quando cansei de chorar enxuguei a cara na almofada e dormi.

Já era noite quando minha mãe abriu a porta e me encontrou. Apertou-me em seus braços entre alegre e apavorada, corria o boato no bairro que tinham chegado aqueles ciganos que roubavam crianças, e se algum deles tivesse me levado num saco? Meu irmão podia ter dito onde eu estava mas deve ter dado de ombros, Lá sei por onde ela anda...

No final da quermesse mamãe abriu aquela porta toda contente, agora podíamos entrar e comer as sobras. Meus irmãos e até os cachorros foram entrando na maior alegria. Sem alarde fui escolhendo depressa alguns doces e corri para debaixo da macieira. Olhei de longe para o quarto, ali dentro, nunca mais.

Paulo Emílio

Eu não poderia separar Paulo Emílio, o homem do cinema, de Paulo Emílio, o homem da ficção que se revelou com tanta força na reta final da sua vida, imagem e palavra ligadas tão estreitamente lá nas mágicas profundezas dos vasos comunicantes. Meu relacionamento com ele nasceu do cinema, do verdadeiro cinema que me desvendou através de uma inteligência do tipo profética, com aguda percepção da realidade e extraordinária rapidez intelectual. Dotado de forte energia revolucionária, ele via com desconfiança as coisas que se apresentavam formalmente prontas ou definitivas. Daí o prazer em pesquisar, descobrir, característica dos sonhadores inconformados.

Nos verdes anos foi o cinema estrangeiro que o seduziu e assim dedicou-se aos filmes de outros países até chegar ao amor definitivo, o cinema do Brasil. Meu Deus, como perdi tempo com filmes estrangeiros! ele repetiu tantas vezes. O cinema brasileiro, por pior que seja, é mais importante do que o cinema lá fora. Afinal, um país com tantos analfabetos e miseráveis não tem mesmo espaço para a sofisticação de artistas e intelectuais que chegam para ocupar o nosso campo de luta. A batalha tem que ser travada aqui e aqui ficaremos até o fim.

Sim, aqui ele ficou mas houve antes períodos em que teve de se exilar na França porque as coisas no Brasil andavam muito difíceis, tantas prisões, atentados... Já fora detido no presídio político do Paraíso, de onde fugiu de forma espetacular. Ficou na Europa por dois anos e meio, um comunista que se desgostou com a linha dura que não admitia divergências. De volta ao Brasil liderou um tipo diferente de socialismo que inspirou muita gente.

Em 1946 ele retornou a Paris. Modestamente instalado à margem esquerda do Rio Sena, participou de cursos de cinema e apaixonou-se pela obra de Jean Vigo, cineasta maldito dos anos 30 e pioneiro do cinema realista francês. Jean Vigo morreu jovem, mas antes criou *Zéro de Conduite, L'Atalante* e *À Propos de Nice*, inspirações maiores que levaram Paulo Emílio a mergulhar na biografia que escreveu em francês.

Num comício da Faculdade de Filosofia ouvi pela primeira vez aquele jovem de voz flamante e olhar entortado clamando contra a indiferença da nossa apática juventude em face da decadência do país, Só as forças espirituais revolucionárias podem criar e sustentar a grande causa! ele repetia.

As extraordinárias coincidências. Apesar de tão afastados no tempo e no espaço, aquele Jean Vigo já tinha expressado pensamento paralelo nos seus escritos, "O pessimismo não exclui a energia, o entusiasmo e uma alta espiritualidade podem ser a fonte da força revolucionária".

Premiado na França, o livro *Jean Vigo* teve críticas excelentes. Destaco apenas esta do crítico de cinema André Bazin: "Com um amor só igualado por sua paciência e erudição, Paulo Emílio escreveu uma obra que eu qualificaria de exemplar".

Trabalhando como assistente de Henri Langlois, presidente da Cinemateca Francesa, Paulo Emílio penetrou nos mistérios de um museu de cinema do Primeiro Mundo e aí deve ter nascido a ideia de fundar algo semelhante em São Paulo. E foi o que bravamente tentou fazer quando voltou, criar uma instituição que seria o depósito ideal de filmes nacionais e estrangeiros, juntar esse material tão precioso e tão disperso, higienizar as fitas e guardá-las em salas climatizadas, evitando assim a deterioração. Um museu vivo de cinema — mas não era uma loucura? Convocou amigos que entraram na mesma aura, procurou parceiros, inventou associações na busca dos recursos, onde conseguir recursos concretos para um projeto tão caro? Um verdadeiro desafio criar a memória de um Brasil que fazia tudo para apagar esse passado de servidão e miséria. Mas ele amava os desafios, Vamos à luta? convidava obstinado.

Foi por essa época que participei dessa luta que parecia sem esperança, Precisamos de dinheiro! ele repetiu tantas vezes. Daí a necessidade dos contatos sociais e principalmente políticos nos quais era visível o desinteresse de alguns figurões do governo, que até eram cordiais mas sem esconder aquela expressão estampada na face, Ora, mas isso vai render algum voto?...

As crises. E Paulo Emílio tentando disfarçar a falta de dinheiro, o importante era resistir sem perder o humor, afinal, aos trancos e barrancos a Cinemateca ia crescendo, a ordem era resistir. Por sorte, vinha às vezes algum convite do exterior, ele era muito conhecido e admirado lá fora, um festival de cinema? Uma mesa de júri? Não escondeu a euforia quando chegou o convite para participar como jurado do Festival Internacional de Cinema em Teerã. Bebeu vinho e puxou a orelha do nosso gato, Você sabe que na Pérsia todos os gatos são persas?

Um dia assim de repente ele me disse, Vou dar três ótimas ideias para você fazer três contos! E meio vagamente contou as histórias que achei muito originais, mas naquele momento eu trabalhava no livro *Seminário dos Ratos* e foi o que lhe disse, Por que você mesmo não escreve? Ele ficou pensativo e não respondeu. Alguns dias depois apareceu com o olhar brilhante e anunciou, Sabe aquelas ideias de contos que lhe dei? Quero de volta, eu mesmo vou escrever, você não se importa?

Resolvemos passar uma temporada em Águas de São Pedro, ah! fugir para o modesto hotel defronte daquele jardim, beber na estância as águas milagrosas e descansar no banco da Praça dos Rouxinóis, onde pequenos anões de gesso colorido surgiam risonhos entre os canteiros. O apartamento não era espaçoso e ainda assim instalamos duas mesas, na maior ele ficou com sua caneca cheia de canetas de vários tipos, o caderno de espiral, o bule de café e o cinzeiro. Foi aí que começou a escrever as suas três histórias. Na mesa ao lado o bloco de papel e a minha Olivetti portátil. Dezembro de 1976. Fazia calor, e como não tinha refrigeração, providenciamos dois ventiladores e ali ficamos escrevendo naquela ventania. Lembro do dia em que olhando de repente para Paulo Emílio, com a leve camisa assim inflada ele me pareceu um veleiro prestes a sair velejando pela janela aberta. No final da tarde, o chuveiro e a caipirinha gelada no bar do hotel, era preciso comemorar. Então ele disse, Por que você não me contou que escrever ficção é essa maravilha? Agora só quero inventar, que delícia contar histórias!

O apartamento da Rua Sabará era pequeno e então resolvemos no ano seguinte nos mudar para um mais espaçoso na Rua Pernambuco. Os livros e pastas pareciam se multiplicar nas prateleiras como nos enredos de ficção científica, Mas esta papelada procria durante a noite? ele perguntou certa manhã. O novo apartamento tinha muitas prateleiras e armários, mas não houve tempo para começarmos com calma a planejada arrumação, o livro já publicado *Três Mulheres de Três PPPês* estava nas livrarias e fazia sucesso.

No dia 9 de setembro ele vestiu de manhã sua camisa preferida, era de algodão estampado com pequenos cavalinhos galopando livres no fundo azul-claro. Despediu-se bem-humorado, saiu e não voltou.

A casa da alma é a memória, escreveu Santo Agostinho. O precioso acervo de Paulo Emílio está na Cinemateca Brasileira, hoje belamente instalada e administrada e assim é uma realidade aquele sonho que ele defendeu com tanta competência e amor.

Conspiração de Nuvens

Ano de 1976, presidente Ernesto Geisel. Ditadura militar, plenitude dos Anos de Chumbo. Muitos professores cassados, muitas prisões nos porões do DOI-CODI com os presos políticos torturados até a morte, o horror, o horror no auge do desrespeito aos direitos humanos na aspiração da verdade e da justiça.

Paulo Emílio e eu passávamos as férias numa tranquila fazenda da família de Décio de Almeida Prado em Orlândia, interior de São Paulo. Fim de tarde. Conversávamos na espaçosa sala do casarão quando tocou o telefone, o interurbano era para mim. Com dificuldade ouvi a voz de Rubem Fonseca falando do Rio, Fala mais alto, Rubem, mais alto! eu pedia e ele repetiu, eu estava sendo chamada para fazer parte de uma pequena comissão de escritores que iria a Brasília entregar ao ministro da Justiça Armando Falcão um manifesto contra a censura.

Brasília? eu repeti. E a voz de Rubem Fonseca ficou mais nítida na ligação trepidante, era um importante manifesto contra a censura aos livros, mais de quatrocentos títulos de autores brasileiros e estrangeiros já estavam proibidos, o romance *Araceli, Meu Amor*, do escritor José Louzeiro, foi *arrancado* das livrarias por ser considerado um livro imoral e ainda o livro de Rubem Fonseca, *Feliz Ano Novo*, também proibido com o pretexto de incentivar a violência. Então foi providenciado esse manifesto, que já contava com mil assinaturas de intelectuais. Primeiros nomes da lista? Antonio Candido e Sérgio Buarque de Holanda. O "Manifesto dos Mil" tinha que ser entregue ao ministro com a maior urgência por essa pequena comissão da qual eu faria parte.

Fiquei em silêncio. Sou lenta nas decisões e isso vem desde o tempo da minha juventude, quando participava das partidas de vôlei e tinha que me desenrolar rapidamente, tão rapidamente! Era a cortadora e não podia hesitar, a cortada tinha que ser agora, já!... Seria bom levantar as mãos e formar com elas um T quando o time ficava tumultuado, aquele pedido de Tempo, Tempo! mas a bola já avançava e não restava nada mais a fazer senão cortá-la no ar, vupt!...

A minha presença era necessária, avisou Rubem Fonseca com voz de general em pleno comando. Podem contar comigo, eu disse e pedi detalhes. Pois teria que ir ao Rio e de lá, com Hélio Silva, Nélida Piñon e o jovem Jefferson Ribeiro de Andrade seguiríamos para Brasília, mas em silêncio, a imprensa não poderia saber da manobra, só depois, quando o manifesto já tivesse sido entregue. Haveria uma reunião à noite em casa de José Louzeiro, eu teria que partir no dia seguinte. Combinado, respondi, e fui abraçada carinhosamente por Paulo Emílio e Décio, que pediram, Leve nossas assinaturas!

Viagem de ônibus para São Paulo, rápida parada no apartamento para fazer a valise e em seguida partir para o aeroporto. Miau! disse o meu gato na despedida. Acariciei-lhe a cabeça, Juízo!

José Louzeiro abriu a porta, era quase noite. E os amigos em torno da mesa, Rubem Fonseca, Nélida Piñon, Ary Quintella, Cícero Sandroni, Jefferson Ribeiro de Andrade... Muitas cópias do manifesto, que continuava recebendo adesões de todas as cidades do Brasil. Fiquei então sabendo, o movimento não tinha nascido em São Paulo, conforme imaginara, mas em Belo Horizonte e mais precisamente num café chamado Lua Nova, ponto preferido dos intelectuais. Daí o pequeno grupo formado por Rubem Fonseca, pelo crítico e professor cassado Fábio Lucas e ainda por Jefferson Ribeiro de Andrade, do Sindicato dos Jornalistas, partiu para a casa do escritor Murilo Rubião, onde o manifesto foi redigido. Coube a Rubem Fonseca a tarefa de colher as adesões.

Hospedei-me num hotel em Copacabana e no dia seguinte fui para o encontro marcado no aeroporto: o historiador Hélio Silva, a amiga Nélida Piñon e o jovem Jefferson Ribeiro de Andrade. Então, Brasília? Brasília. No avião, tentamos assentos próximos mas só Hélio Silva e eu ficamos vizinhos, Nélida e Jefferson foram para os assentos atrás. Não sou ficcionista como vocês, Hélio Silva apresentou-se. Sou historiador, lido nessa zona árida das pesquisas, minha função é pesquisar. O avião já tinha decolado quando o enfezado passageiro da janela, aquele que não quis trocar de lugar com a Nélida, abriu o jornal. Li então em negrito, "Manifesto dos Mil Contra a Censura". Toquei no braço dele e segredei, Meu Deus! a notícia está ali no jornal com nossos nomes, vazou! Ele arqueou as sobrancelhas grisalhas e lançou um vago olhar para o jornal, Nada mais a fazer, já é História, disse. E avisou, Vem aí uma tempestade, apontando para as nuvens galopantes através do vidro da janela. Olhei na mesma direção. E o que significava o repentino aglomerado de nuvens furiosas fechando o cerco em redor? E por que o enfezado passageiro não fechava aquela cortina, era um sadomasoquista? A voz serena do piloto pairou sobre todas as coisas, Teremos algumas turbulências, apertem os cintos. Apertei no fundo do bolso a pequena imagem de Nossa Senhora da Aparecida e me lembrei daquelas frases tão empoladas que a gente costuma dizer nas entrevistas, A coragem é a maior das virtudes! Ah, é?! Uma conspiração de nuvens, sussurrei para Hélio e ele guardou os óculos no bolso, Elas também conspiram, se não cairmos agora seremos presos na chegada.

Voltei-me e vi a Nélida que me pareceu tranquila, confiante. Fechei os olhos. Quando os abri novamente o avião seguia pelo céu limpo, preparando para o pouso. Hélio Silva apertou meu ombro e me ajudou a apanhar a maleta. O nosso vizinho enfezado guardou o jornal no bolso e fez a pergunta em voz baixa, Vocês são comunistas? Respondi no mesmo tom cavernoso, Sou do São Paulo Futebol Clube que vai bater o Corinthians no próximo sábado. Quanto aos outros, isso eu não sei.

Ao chegarmos fomos tomar nosso café no aeroporto. Então aconteceu o que já prevíamos: o ministro da Justiça não nos recebeu, mas toda a imprensa já estava a nossa espera. Subimos (ou descemos?) a pequena escada do Palácio e entramos com as cópias do manifesto na sala repleta de jornalistas. Primeiramente, Nélida Piñon nos apresentou fazendo um breve relato da nossa missão. Em seguida nos espalhamos para as entrevistas.

Um jornalista pediu-me detalhes, E então? Tinha algum livro ameaçado de proibição? Contei-lhe que publiquei um romance, *As Meninas*, no qual uma das personagens, exatamente uma jovem subversiva, lê um panfleto que Paulo Emílio recebeu pelo correio. Era o relato desesperado de um preso político torturado provavelmente até a morte. A solução que encontrei foi reproduzir o panfleto que a minha personagem subversiva vai lendo para uma freira: *Primeiro me perguntaram se eu pertencia a algum grupo político. Neguei. Enrolaram então alguns fios em redor dos meus dedos, iniciando-se a tortura elétrica: deram-me choques inicialmente fracos que foram se tornando cada vez mais fortes. Depois, obrigaram-me a tirar a roupa, fiquei nu e desprotegido. Primeiro me bateram com as mãos e em seguida com cassetetes, principalmente nas mãos. Molharam-me todo, para que os choques elétricos tivessem mais efeito. Pensei que fosse então morrer. Mas resisti e resisti também às surras que me abriram um talho fundo no cotovelo. Na ferida o sargento Simões e o cabo Passos enfiaram um fio. Obrigaram-me então a aplicar choques em mim mesmo e em meus amigos. Para que eu não gritasse enfiaram um sapato dentro da minha boca. Outras vezes, panos fétidos. Após algumas horas, a cerimônia atingiu seu ápice. Penduraram-me no pau-de-arara: amarraram minhas mãos diante dos joelhos, atrás dos quais enfiaram uma vara, cujas pontas eram colocadas em mesas. Fiquei pairando no ar. Enfiaram-*

-me então um fio no reto e fixaram outros fios na boca, nas orelhas e mãos. Nos dias seguintes o processo se repetiu com maior duração e violência.

Dobrei a cópia da página do meu livro e guardei-a na bolsa. Então esse romance saiu em 1973, acrescentei. O jovem ficou me olhando meio perplexo, E ainda não foi censurado? perguntou e contei-lhe o que Paulo Emílio tinha ouvido, o censor chegou até a página 72 e não foi adiante porque achou o livro chato.

Rimos juntos enquanto Hélio Silva já nos chamava, missão cumprida! Antes do aeroporto olhei para o céu e pensei em São Francisco de Assis quando vi o Irmão Sol ainda radiante, mas se despedindo.

O Trem

Eu teria cinco ou seis anos? No chão daquela infância descabelada, meio selvagem, estava o trem, Companhia Paulista de Estradas de Ferro, ah! tantas viagens. Às vezes, o medo. Na estação a minha mãe ia sempre na frente, abrindo o caminho. Atrás, a pajem Maricota segurando minha mão e o carregador de boné com a bagagem. Uma breve parada na bilheteria e pronto, ali estava a grande máquina ainda imóvel, as chaminés apagadas. Eram delas que saíam aquelas fagulhas?

Nossa casa ficava em São Paulo mas nesse tempo meu pai era o promotor de pequenas cidades do interior e nas férias a gente ia visitá-lo, era em Sertãozinho que ele estava agora? Ou Itatinga? É um homem muito instável, ouvi tia Laura dizer. Perguntei à Maricota o que era isso, *instável*, e ela entortou a boca, Como é que eu vou saber?

As pajens. Tinha sempre por perto uma pajem, aquelas ovelhas desgarradas que minha mãe recolhia para os pequenos serviços e nesses serviços eu estava incluída: dar banho e vestir a caçula, contar histórias e nos dias de procissão, quando eu ia com a bata de anjo e as asas, fazer na minha cabeça aqueles papelotes porque anjo tem que ter o cabelo encacheado e o meu cabelo era escorrido feito cabelo de índio. O trem. Assim que me acomodava na poltrona de palhinha, pedia à Maricota que abrisse a janela. Ela resistia, Está louca, menina? Quando andar ele vai soltar aquelas fagulhas e se alguma entrar no olho da gente?

Minha mãe ficava no banco da frente lendo um livro, estava sempre lendo um livro. Através do vidro da janela eu ia vendo o movimento da pequena estação com os retardatários procurando aflitos pelo vagão, primeira ou segunda classe? Corra! eu tinha vontade de gritar antes que a máquina saísse resfolegando feito um bicho soltando o apito dolorido, Uhhhhhhhhh!... A mesmice da paisagem lá fora não me interessava com aquelas vacas sempre iguais, pastando meio pasmadas na grama verde, Nenhum macaquinho? Não tem macaquinhos? eu resmungava e Maricota ajeitava no colo a cestinha do lanche, Os macaquinhos estão lá nas árvores do Jardim da Luz, esqueceu? No Jardim da Luz e na sua cabeça, ela acrescentava rindo. Eu respirava o cheiro de bolo que vinha da cestinha, Quero comer! Ela entortava a boca, Quando o trem parar, prometia e eu apertava seu braço, Então conta uma história! Ela se desvencilhava, Depois eu conto, vê se dorme!

Eu dormia para acordar num susto porque ao parar o carro dava um sacolejo mais forte. Era quando minha mãe vinha ver se estava tudo em ordem, fazia um agrado na minha cabeça e avisava que ia descer para tomar um café. Eu então segurava no braço de Maricota, e se ela inventasse de descer também e as duas me esquecessem no trem? Através do vidro da janela procurava ver minha mãe que desaparecia no meio daquela gente arrastando malas enquanto alguns homens fumavam nos bancos ao longo do muro de tijolinhos vermelhos. Um cachorro passou correndo e latindo desesperado, tinha perdido o dono? Agarrado na saia da mãe, um menino ia aos berros, a janela fechada e ainda assim aqueles gritos. Eu ficava comendo o bolo e suplicando, Vai, conta agora a história do trem-fantasma. Maricota entortava a boca, Mas já contei essa história mil vezes, chega! reclamava e não sabia que as crianças e os velhos gostam das repetições. Eu esperava que ela despejasse a soda limonada no copo, limpasse minha boca com o guardanapo de papel e fechasse a lancheira. Quando o chefe de gravata-borboleta entrava para pedir os bilhetes aos novos passageiros, eu enxugava as lágrimas na barra da saia. Ela então entortava a boca, suspirava e contava a história do trem-fantasma a correr desembestado pela noite negra, todo mundo gritando e o trem sem poder parar, soltando fumaça e fogo sem poder parar porque o maquinista era o Diabo. O Diabo, eu ficava repetindo, e Maricota sacudindo a cabeça, Era o próprio Diabo correndo feito louco pela eternidade. Perguntei o que era isso, *eternidade*, e ela suspirou, Também não sei mas foi nessa eternidade que ele entrou desembestado com aquele trem de fogo no meio da noite.

O noturno da Central do Brasil tinha um nome pomposo, Trem de Prata. Nos meus verdes anos, nas grandes férias viajava com minha mãe para o Rio, mas dessa vez ela seguiu na frente porque eu tive que prestar exames na Faculdade. Abri a valise e entreguei ao chefe do noturno a carteira de estudante e o bilhete da cabine, leito inferior. Ele ficou olhando e avisou que a minha companheira de cabine era uma estrangeira de idade avançada, será que eu podia ficar no leito de cima e deixar o outro para a velha senhora? Concordei com a troca e fui ao carro-restaurante. Quando voltei ela já estava sentada no banquinho e tomava chá na pequena mesa que abriu debaixo da janela. Pareceu-me magra naquela camisola de flanela e tinha os cabelos brancos presos numa fina rede. Fixou em mim os pálidos olhos azuis e insistiu com delicadeza que eu me sentasse no banquinho ao lado e me servisse da geleia de maçã que ela fizera, Colhi as maçãs no meu quintal! Olhei para o pequeno pote rosado ao lado dos biscoitos e pensei em recusar e ela insistindo, precisava de companhia, era isso? Ah! esse medo que os velhos têm da solidão, lembrei e fui respondendo às suas perguntas, sim, era uma estudante de Direito, pretendia advogar e no próximo ano iria praticar no escritório de um casal de criminalistas.

Ela baixou o olhar enevoado, Criminalista? Por que criminalista? Um ramo tão tenebroso, murmurou e entrelaçou as mãos rugosas sobre a mesinha. Tive vontade de rir, mas fiquei séria enquanto acrescentava que era essa a minha vocação, tinha que seguir em frente. Ela esboçou um sorriso triste, mas eu ia lidar com o crime, o lado tão sombrio do ser humano, entrar naquelas cavernas, É isso o que você quer? perguntou e em seguida abriu o pote de geleia e me encarou. Quando voltou a falar eu tive que me inclinar para entender o que estava dizendo, o trem acelerado e a voz arfante no mesmo ritmo do vagão avançando nos trilhos. Pois estou viajando para ouvir a confissão de um velho amigo que está morrendo e me chamou, acho que ele quer confessar o crime que cometeu há quase quarenta anos, não vai morrer antes de se confessar.

Estava casada há sete anos, um casamento sem filhos, assim tranquilo, até que apareceu esse antigo colega do marido, um homem bem-humorado, bonito. Começamos a sair juntos e nessa convivência tão fraterna acabou acontecendo o triângulo, ficamos amantes. Quando chegou aquele domingo e os dois inventaram a pescaria, saíram tão animados e só meu amante voltou, o rio era pedregoso, encachoeirado, meu marido escorregou e foi arrastado pela correnteza. Tentei salvá-lo, ele disse, sou bom nadador mas de repente fiquei sozinho no meio das pedras. Concordei, um trágico acidente, mas bem lá no fundo, nas minhas secretas raízes comecei a suspeitar, um acidente?!... E o relacionamento entre nós dois foi mudando aos poucos, agora estávamos livres, sim, mas tristes. E assim meio distantes... Um dia nos olhamos feito dois estranhos, era a despedida. Ele acabou viajando para longe, fiquei sabendo vagamente que se casou, mas eu continuei sozinha. E agora, depois de tanto tempo, ele me descobriu e me chamou desesperado, está morrendo e quer fazer uma confissão! ela repetiu tocando no meu braço. Seus dedos estavam gelados. Uma confissão...

Calou-se. Baixei a cabeça e fixei o olhar nas suas mãos rugosas que se entrelaçaram fortemente sobre a pequena mesa. Depois, aos poucos, ela foi abrindo as mãos. Encarei-a. O olhar azul estava novamente tranquilo enquanto pedia, Vai, minha querida, vai dormir, é tão tarde, vai dormir!

Quando voltei da toalete a cabine estava na penumbra e ela deitada. Acordei com as fortes batidas na porta, era o chefe avisando, Ei, chegamos!... Sentei-me na beirada do leito e olhei para baixo, ela já tinha desembarcado. No ar, um vago perfume de geleia de maçã.

Solo de Clarineta

Não consegui telefonar à Mafalda Verissimo, não consegui, só em pensar minha voz ficava bloqueada e o coração se fazia tão pesado, ah, por que a morte me estarrece como se fosse a primeira vez, como se nunca antes?... A rara morte, quero esclarecer, quatro ou cinco ao longo da minha vida. Com as outras, tudo normal ou quase, o choque. A introspecção com a consolação filosofante. O apego a Deus e aos poucos aquela paciente cristalização da dor, pequenas pedras que vou guardando, de vez em quando tomo uma, sinto-lhe a forma, a cor, e afetuosamente a devolvo ao seu lugar. Mas há certas mortes que me remetem à infância, ao medo das noites escuras que não vão amanhecer.

Foi em 1944 que o convidamos para uma conferência na Faculdade de Direito do Largo São Francisco. Fazíamos parte da Academia de Letras, que abrigava alguns jovens que não tinham, às vezes, dinheiro nem para o passe de bonde. Mas éramos audaciosos e a audácia é a fortuna da juventude, não foi o que aprendemos em latim? Então fizemos o convite e ele aceitou. O nosso convidado já estava instalado por conta própria num hotel da Avenida São João quando surgiu o problema, e depois? Terminada a conferência, fazer o que com ele? A inesperada solução veio da parte do casal Barros Martins, na bela casa haveria um jantar em homenagem ao visitante.

Erico Verissimo chegou de sobretudo escuro e chapéu desabado, noite fria. Ele tem cara de índio, soprou meu colega e eu concordei, a índia Bartira e o português João Ramalho deviam ter andado lá pelos pampas. Não demorou para fazermos uma rodinha em redor dele e cantarmos, eu tocava mal violão, mas o que é bem ou mal nessa idade? *Quando se sente bater/ no peito heroica pancada/ deixa-se a folha dobrada/ enquanto se vai morrer...* Sim, vários dos colegas já tinham partido, Segunda Guerra Mundial. Ele abarcou nosso grupo com aquele olhar de irmão mais velho que se preocupa e se enternece mas sem amargor, era um otimista que mesmo depois tentou passar otimismo para esta cabeça dura, intoxicada por leituras e ainda com a lembrança de uma juventude tempestuosa. Quando terminamos nossa cantoria ele se aproximou e reagiu, tínhamos falado tanto em morrer, Não! Nada de morrer, meninos, mas viver! Vocês ainda vão ver tanta coisa, vão passar por tanta coisa, mas tudo vale como experiência, tudo é preciso e é bom. Viver com toda força de que se é capaz, com todo o fervor, sabem o que é fervor?

Na sala ao lado começou no toca-discos um tango argentino, *Adiós muchachos!* Ele teve aquele sorriso meio embutido, Acontece que não posso mesmo levar um tango a sério. Achei graça porque não conhecia um tipo mais milongueiro do que ele, no estilo de Carlos Gardel com o *bandoneón arrabalero* acompanhando a voz gemente. Foi o que lhe disse rapidamente porque alguns amigos já o arrastavam para o brinde na outra sala. Com a mesma pressa confessei-lhe o quanto tinha amado o romance *Música ao Longe* e que me fez chorar, Beleza, Erico! Ele prometeu enviar-me outros livros e ainda algumas preciosidades da literatura universal que a Editora Globo estava publicando, era o adeus?

Ainda não, na tarde azul, antes de seguir para o aeroporto ele quis conhecer a Praça da República. Mostrei-lhe o busto do poeta romântico Fagundes Varela mas com o nome de Álvares de Azevedo gravado na pedra, confusão de quem encomendou o busto e acabou trocando as cabeças dos jovens? Pois lá estava Fagundes Varela com o nome e o verso do outro, *Foi poeta, sonhou e amou na vida*. Erico Verissimo achou graça, Meu Deus! Vês como a glória é confusa, incerta? Quem é que está garantido neste nosso país, perguntou e chamou o fotógrafo lambe-lambe que vinha pela alameda dos salgueiros com a antiquada máquina de panos pretos. Nada de confiar nos outros, ele prosseguiu. Vamos cuidar da nossa posteridade, posar para a posteridade!

Alguns dias depois eu lhe comunicava numa carta que o tal fotógrafo lamentava mas tinha entrado luz no filme, podíamos tirar outra foto?

A loucura daquele encontro, foi em 1971 ou 72? Eu estava hospedada num pequeno hotel em Paris, na cidade onde nem a mãe a gente consegue encontrar e de repente, andando pela Rue des Saints-Pères, ouço o meu nome. Paro, me volto e dou com Erico e Mafalda ali na minha frente. Precisei me conter para não chorar de alegria, estava à espera do meu filho que há mais de um ano andava trotando pelo mundo e agora, de repente, aqueles dois na rua.

O tempo estava úmido mas era aconchegante o apartamento que eles alugaram com móveis antigos e dourados nos espelhos. Mafalda e a comadre providenciando o chá. Na televisão, André Malraux dando uma entrevista. Tive vontade de rir, mas não era mesmo chiquérrimo um chá com as nossas imagens refletidas no espelho *belle époque*? E eis que aos poucos, com aquela admirável intuição, ele foi descobrindo a preocupação que ingenuamente eu tentava disfarçar, mas então o meu moleque, hein?... Nem vinte anos e inlocalizável no espaço, o último paradeiro era Marrocos?

Assim como num sortilégio, sem querer me tranquilizar ele acabou me tranquilizando, mas é assim mesmo que os jovens se estruturam, ora, a verdade é que se eu tivesse negado a permissão para essa viagem acabaria bebendo o fel do remorso, ah! melhor soltar os meninos no pasto, filho é desse jeito, enquanto não sossega o peito ou o pito... Mas são tão maravilhosos, não?

Em pensamento vou até Porto Alegre. Rua Felipe de Oliveira, o portão está aberto. Na bruma do crepúsculo vejo no pequeno pátio o banco vazio. Chego até o discreto escritório que ele chamava de *minha toca*. A porta está fechada. Lembro então que no Natal recebi o seu *Solo de Clarineta*, "às vezes desafinado mas sempre sentido", ele escreveu na dedicatória. Fui saindo em silêncio. Ele era do signo de Sagitário, metade homem e metade cavalo, asas e patas. O andarilho gostava de escrever e de ouvir música. Gostava também de gente. Ainda em pensamento parei um instante enquanto a casa foi desaparecendo, ficou o silêncio.

Pedra que Chora

Deitei me na areia e fiquei olhando o mar. O mar que não é nem verde nem azul, nem masculino como figura na nossa língua nem feminino como está na língua francesa, nem macho nem fêmea, mas algo assim andrógino. Escapando ao rigor das classificações ele é a vida mas também pode ser a morte. Agressivo, sim, e ao mesmo tempo, envolvente. Sedutor — ah, vamos deixá-lo com os seus mistérios porque os mistérios são inexplicáveis.

Vejo as ondas crescendo lá longe e perdendo as forças na travessia até desaparecerem aqui aos meus pés, esboroadas em espumas. Tão parecidas umas com as outras, essa que desapareceu há pouco aqui na areia é igual àquela outra que já vem chegando ansiosa. E que já vai se desfazer em espumas no milagre da repetição e da renovação, sim, são múltiplas, mas a destinação é imutável. Efemeridade e permanência.

Gerações e gerações de ondas e de gente nascendo e morrendo no infinito do tempo. "Sonhos são espumas, quase nada", disse o poeta. Vejo uma gaivota que baixou o voo, me espiou curiosa e logo partiu desinteressada, resmungando na língua das gaivotas. Deve ter sido num mar assim esvaziado que aquele antigo Cancioneiro Popular entrou:

Eu entrei no mar adentro e fiz tanta estripulia
que o Rei mandou me chamar pra casar com sua fia.
O dote que o Rei me dava: Oropa, França e Bahia.

Afundo as mãos na areia úmida. Pelo visto, situada no litoral sul de São Paulo, esta praia não estava incluída no famoso dote do Rei. Itanhaém, na língua tupi dos índios, Pedra que Chora. Sabe Deus de onde teriam chegado os índios a esta praia com rochas e pedras amontoadas em toda a sua extensão, as ondas invadindo e cobrindo essas pedras. Para retornarem de novo ao mar, num esforço tão arfante e lamurioso que os sons espumejantes foram compondo a música das águas, Pedra que Chora.

A curiosidade, característica do ser humano e das formigas, a curiosidade teria sido a fonte de inspiração desses índios na sede das descobertas, tanta vontade de ir mais longe, mais longe ainda e assim foram inventadas as pirogas, embarcações feitas de troncos de árvores escavadas a fogo e que talvez desvendassem aquela linha lá longe que separa o mar do céu.

Descobertas mais importantes? Essas só aconteceram com a chegada do Padre José de Anchieta na aurora da nossa colonização. Os selvagens ficaram em êxtase, mas o que significava isso? Aquele espanhol de saúde frágil, vestindo aquela sotaina gasta, com suas sandálias rotas e falando a mesma língua da terra, o que significava isso? Entendia-se com os velhos e com os curumins, amansava as feras e tinha como única arma a pequena cruz de madeira que levantava na mão tremente.

O Apóstolo do Brasil e poeta, fundador do primeiro colégio de jesuítas denominado São Paulo de Piratininga, semente da cidade de São Paulo, esse Padre José de Anchieta também andou descalço nestas areias. Ouviu as ondas espumejantes gemendo por entre as pedras quando ia descansar naquela pedra maior, um abrigo que ficou sendo chamado de Cama de Anchieta. Mais tarde, nas praias do litoral norte iria escrever na areia os poemas em latim dedicados à Virgem Maria.

Veio o mar e apagou as marcas dos passos e dos poemas. O mesmo mar que chorou quando em 1597 ele morreu lá longe, no Espírito Santo, chorou o mar e choraram os selvagens com saudades do amigo-irmão.

Continuo aqui deitada e tenho que partir. Será que era neste mar que o Apóstolo do Brasil ia se confessar? Mas espera, os santos não precisam de mediadores porque se dirigem diretamente a Deus, nós é que precisamos. Nesta Pedra que Chora acabei de escrever uma

CONFISSÃO

— Fui me confessar ao mar.

— E o que ele disse?

— Nada.

Tunísia

Era noite quando chegamos ao aeroporto. O céu estrelado, ah, aquele céu palpitando de estrelas e lá longe a silhueta branca da cidade. Não arranha-céus com a agressividade de cimento e aço, mas a mansa ondulação das abóbadas, dos muros rasos, dos pátios. Rompendo a horizontalidade das linhas, de vez em quando a graça fina das mesquitas.

Não gosto de avião, mas por este ou aquele motivo estou sempre metida em algum e a solução é carregar na dose do vinho tinto que a gentil comissária oferece, não ficar com a cara daqueles condenados à morte encomendando sua última ceia. Daí o meu obumbramento quando desci a estreita escada, mas afinal estava em Túnis ou em Cartago? Sondei o nosso acompanhante, um árabe de bata cinzenta, bigodões negros e fez vermelho no alto da cabeça. Num francês forte, carregado de *rr*, ele respondeu que Cartago ficava próxima de Túnis, meia hora ou talvez menos. Em silêncio abarquei com o olhar a cidade completamente branca, na qual eu mergulhava como se mergulha num sonho.

Tunísia, África do Norte, lembrei. A língua era o árabe e a religião, o islamismo. População? Muçulmanos arabizados com uma minoria europeia, mais franceses do que italianos. Em 1957 a monarquia foi abolida e houve a proclamação da república. Lembrar ainda que o amado Santo Agostinho (ah, minha juventude e as *Confissões*) era um romano da África que provavelmente tinha nas veias o sangue berbere embora fosse o latim a sua língua materna. E o que mais eu sabia? Tive vontade de rir quando nos dirigimos ao hotel porque sabia que viver com Paulo Emílio era o mesmo que andar com um passaporte na mão, ele era jurado do Festival Internacional de Cinema do Irã, para onde iríamos em seguida.

As delegações do festival estavam alojadas no Hilton Hotel, que dominava o ponto mais alto de um outeiro. Hotel imenso no estilo ocidental mas com decoração oriental. Entre os turistas milionários, artistas e cineastas da França, do Egito, do Senegal, da Itália, da Argélia, num delírio total de línguas e de trajes. Quando entrei no elevador senti um delicioso perfume de âmbar que me fez cerrar os olhos de felicidade, ah, esse perfume de alguém que subiu ou desceu há pouco. A mesma pessoa entrou aqui de novo, pensei em êxtase quando entrei no elevador pela segunda vez. Custou um pouco (sou distraída) para perceber que o perfume de âmbar fazia parte do elevador. Então, sempre que entrava nele eu ficava feliz.

Tive uma ideia global da cidade na manhã seguinte quando vi da sacada do nosso apartamento o sol no auge, era outono mas outono sob o sol da África quer dizer verão. Lá embaixo, no meio do verde violento da vegetação, a caprichosa mancha azul-turquesa da piscina. Americanos e alemães lustrosos e vermelhos estendidos nas cadeiras, de óculos escuros, servidos por jovens garçons de calças pufantes e colete de seda. Nas mesinhas, iguarias ao lado das garrafas de vinho e uísque com pirâmides de uvas douradas brilhando entre os cubos de gelo. Olha como os ricos se divertem! foi o pensamento subversivo que me ocorreu.

A divisão é convencional mas ainda válida: há cidades masculinas e cidades femininas. A cidade de São Paulo, por exemplo, é macho sim senhor. O Rio é do sexo feminino, e nessa trilha Túnis também é feminina na disposição do casario arredondado, sem arestas, com aquelas ambiguidades e mistérios do segundo sexo. Do segundo sexo e do Terceiro Mundo: miséria e riqueza, desamparo e poderio. Contudo, é uma cidade limpa e bela principalmente na parte antiga, e verdadeira porque não contaminada pela arquitetura ocidental, era bom ficar vendo da sacada a cidade lá adiante desdobrando-se numa brancura imaculada de cal. Nas lonjuras, o casario rareando nos descampados e a silhueta tranquila dos camelos cruzando as estradas.

Andei e desandei pelos mercados, os famosos *suks* transbordantes de tapeçarias, pratos de cobre, joias — centenas de pequenas lojas perdendo-se por labirintos nos quais também me perdi. E de repente aquela praça alvíssima onde os vendedores ambulantes abrem suas tendas de tâmaras em cachos, uvas e romãs explodindo de vermelhidão e doçura.

Embora a dura lei dos árabes já tivesse libertado as tunisianas do uso obrigatório da burca, véu que cobre todo o rosto deixando de fora apenas os olhos negros e pintados, com raras exceções, elas continuavam veladas. Pressão da religião? Da família? Interroguei um jovem garçom que nos serviu um peixe rosado como as areias da praia de Hammamet. Ele sorriu constrangido e demorou para responder: "Mulher tem de ser escondida. Guardada".

As guardadas mulheres da Tunísia. E agora me lembro, no cinema, de uma tunisiana que se sentou ao meu lado durante a projeção de um filme egípcio, só no momento de emoção maior, descobriu-se. Abanou-se nervosamente com o programa, senti-lhe o perfume de jasmim. Lancei-lhe um olhar. Ela então baixou a cabeça e novamente se cobriu.

Era uma Noite Fria

A solidão pesa tanto, às vezes, que mesmo o solitário conformado precisa assim de repente — tão de repente! — de alguém que fique ao seu lado sem gesto e sem palavra, em silêncio. Mas presente. Foi o que me disse o cachorro sem dono que encontrei na noite, eu voltava de um cinema. Céu fechado e o vento. Então fui andando até dar com esse cachorro no meio da calçada. O pelo marrom arrepiado e curto, o focinho achatado entre as orelhas atentas mas caídas. Quando me viu ficou abanando o rabo que é o jeito que os cachorros têm de sorrir, Oi!...

Não me perguntem pela raça porque dezenas de raças se juntaram para culminar naquele cão nem grande nem pequeno, nem bonito nem feio, apenas um cachorro solitário perdido na noite. Parei para retribuir a saudação, assobiei o assobio da meninice encachorrada e prossegui na direção do café na esquina, precisava comprar cigarros. Ao sair encontrei-o sentado no meio da calçada, à minha espera, tinha me seguido e agora aguardava a uma certa distância, discreto mas vigilante. Quando me inclinei para fazer-lhe um afago, fixou em mim os grandes olhos úmidos e baixou mais as orelhas, que elas não atrapalhassem a minha mão em concha no deslizante afago, E então? perguntei. Ele respondeu com um ganido humilde e doce. Dei-lhe um piparote no lombo, Está bem, meu velho, não vamos agora ficar piegas, dá aqui a pata, assim!... Boa noite!

Prossegui andando e ele atrás. Parei. Ele também parou e abanou o rabo, aquele toco de rabo a quem o pelo arrepiado dava um toque mais alegre. Está com fome, descobri e rapidamente voltei pelo mesmo caminho e entrei no café para pedir uma empada, daquelas que se alinhavam douradas na pequena vitrine. O garçom perguntou se eu queria de camarão ou galinha. Lancei um olhar ao cachorro que esperava sentado na porta. De galinha, disse ao pressentir nele uns remotos ares de perdigueiro. Deixei a empada debaixo da primeira árvore e chamei-o com um assobio, Vem! Olha aí que beleza, bom apetite! Fiquei observando mas logo descobri que a minha satisfação em oferecer-lhe a ceia era maior do que a dele em aceitá-la, não queria comer, queria apenas ficar comigo.

Fechei o cachecol no pescoço, e essa noite com esse vento que começou também a assobiar. Ainda assim, apenas para ser agradável ele ficou lambiscando a empada e me lançando às vezes um olhar enternecido. Você já foi um lorde? perguntei-lhe inclinada para a despedida enquanto ele parecia agora mais interessado no miolo da empada. Era o momento propício para fugir e foi o que fiz apressando o passo, cheguei a correr. Percorri mais de uma quadra, parei para respirar e fiquei de boca aberta no susto: ali estava ele a poucos passos de distância, abanando o rabo e me olhando fixamente, ah, como brilhavam seus olhos na escuridão.

Aproximei-me e fiquei abaixada, à espera de que ele viesse. Veio. Então estendi-lhe a mão e falei brandamente no mesmo tom do terapeuta, Sei, quer ficar comigo, mas não posso te levar, compreende? Moro num apartamento enjoado, proibida a entrada de cachorros e gatos, está me escutando? Acho que você não iria gostar de lá, é assim um boêmio tão livre... Ele concordou com um ganido. Suspirei fundo, ô Deus! também eu agora?!... Procurei na bolsa os caramelos que comprei no cinema, pessoas e bichos precisam às vezes de mais açúcar, Pronto, olha aí esses caramelos! Grudam um pouco nos dentes mas você vai adorar, pronto, caramelos!

Ele olhou os caramelos na calçada. E me encarou com tamanha fixidez. Ainda uma vez mexi nos caramelos, melhor deixá-los embrulhados para que se ocupasse agora em desembrulhá-los entre os dentes e as patas, mas teria sido só para me contentar que ele baixou a cabeça e ficou fuçando o chão?

Um táxi descia a ladeira, corri para acenar na maior aflição, o último táxi da cidade, o último táxi da Terra! Entrei. Antes de dobrarmos a esquina, voltei-me para olhar o cachorro e vi apenas a neblina.

O Visitante

O jovem visitante estava interessado em fazer a minha biografia e precisava de algumas informações. Instintivamente recuei e fechei a gola do suéter, *biografia*?! Pretendia revelar, dentre outras coisas, aquelas que deviam ficar escondidas, era isso? Expor justo aquele retrato que permanecia oculto lá no fundo das cavernas?... Acendi um cigarro e fiquei olhando o pequeno pássaro azul no esmalte do cinzeiro. Mas se não me interessavam as biografias alheias ia agora fornecer material para a própria?

Encarei o rapaz. A vontade de devanear então veio assim de repente enquanto me lembrava daquele antigo curso pré-jurídico com as apaixonantes aulas em torno da alma humana, ele não gostaria de ouvir sobre isso? Pois após a morte, livre do corpo a alma imortal pode transmigrar ou reencarnar. Na reencarnação ela entraria num corpo da mesma espécie, ou seja, numa criatura viva ou naquela que ainda vai nascer. Na transmigração a alma iria habitar um corpo que pode ser humano, animal ou até mesmo vegetal, estava sendo clara?

Ele fez que sim com a cabeça e aceitou o café. Continuei animada porque era chegada a vez do filósofo grego Empédocles, que escreveu este pensamento tão belo: "Pois já fui um rapaz e já fui uma jovem, já fui um arbusto e já fui um pássaro da floresta, assim como já fui um peixe mudo do mar".

Voltei-me para o visitante e pela sua expressão atenciosamente irônica entendi que ele não estava interessado nas pegadas filosóficas, mas nas minhas pegadas. Cruzei as pernas na poltrona e fiquei olhando para os meus sapatos, os despojados sapatos das andanças, tantos caminhos e descaminhos! E agora este invasor estava querendo as pistas. A solução era prosseguir devaneando, contar por exemplo que num jardim em Paris encontrei o mais otimista dos relógios, era grandalhão, antiquado e contornando o mostrador tinha uma frase em latim, *Horas non numero nisi serenas*, ou seja, Conto somente as horas felizes. Saí do jardim bem-humorada, com vontade de levar aquele relógio no bolso. E se agora no estilo do relógio eu lhe oferecesse uma biografia pequena mas luminosa, só amenidades?... O moço riu e aceitou outro café, Pouco açúcar, pediu e ficou olhando o açucareiro. Levantei-me e resolvi dizer o que deveria ter dito assim que ele chegou, Tenho a biografia oficial e basta, não se trata de censura, mas de respeito aos direitos da personalidade. Para avançar só lendo os meus livros, porque mesmo fragmentada estou em todos eles. E não estou, nada é assim nítido, definido. Ao desembrulhar as minhas personagens posso estar desembrulhando a mim mesma, as ligações são profundas. O leitor, que considero meu cúmplice, talvez saiba descobrir melhor essas fronteiras entre autor e personagem assim como num jogo, eu não sei. Sei que escrevo no impulso da inspiração, palavra que saiu da moda mas é insubstituível, inspiração. Um leitor quis saber se é confiável o foco narrador de um romance ou conto, aquele foco que assume a primeira pessoa e comanda toda a tropa. Ora, se é o autor que faz a confissão evidentemente ele não pode ser confiável porque toda confissão, real ou fictícia, está sob o signo da suspeita. Um exemplo? *Dom Casmurro*, de Machado de Assis, em que Bentinho condena Capitu como adúltera num relato-confissão. Eis aí um foco narrador suspeito porque ele está apaixonado, disfarça, mas está apaixonado. Daí a perfeição do romance que não esclarece, ao contrário, numa linguagem tão nítida deixa no nevoeiro as personagens com suas máscaras numa confusão dos diabos. É o leitor que deve se virar para desvendar o mistério na viragem de ofício e vida. Espero que na viragem da minha ficção você me encontre com mais nitidez do que nas informações que veio buscar...

O visitante comeu um biscoito de polvilho e de repente fez a pergunta, Alguma das minhas personagens teria por acaso voltado a me procurar pedindo mais tempo e mais espaço? Fiquei olhando para o prato dos biscoitos, ah! duas ou três já tinham voltado sem disfarces para exigir, Quero mais uma chance porque eu não disse e não fiz nem a metade do que devia fazer! Rosa Ambrósio, atriz decadente e alcoólatra, me apareceu ainda outra tarde, eu me sentei numa mesinha na calçada enquanto tomava sorvete e fiquei vendo aquela gente passar ali defronte. Ela aboletou-se ao meu lado e com sua voz pastosa criticou os passantes, jovens, crianças e velhos que iam desfilando na tarde calorenta: Gente visível demais, gente tão solicitante, olha meu cabelo! olha o meu sapato! olha o meu rabo! E pode acontecer que às vezes a gente não tem vontade de ver rabo nenhum, ela disse e me puxou pela manga, Então, não vai mais me chamar?... Outra personagem que me procura é o gato da Rosa, o Rahul. É lúcido e irônico, teve outras vidas e se recorda delas, aquela história da transmigração das almas na morte. Às vezes tem a lembrança de ter sido um jovem tribuno romano de toga púrpura e sandálias douradas, Não vai me dar mais espaço? ele perguntou uma noite subindo no meu colo. Mais uma inconformada que tem me procurado é Ana Clara, ou melhor, Ana Turva, a jovem drogada vagando na noite em que fechou a gola do casaco para esconder dos outros o resplandecente coração de Deus que trazia no peito. E eu?! ela me pergunta. Olha, estou aqui, não está me vendo?

Calei-me. Tive assim de repente a nítida intuição que o visitante nunca leu os livros por onde aquela gente transitou. Quando esta anti-heroína se despediu e fechou a porta teve um agradável sentimento de alívio, os inconformados certamente ainda iam voltar. Ele não.

A Farda

Entramos no café meu pai e eu. Ele pediu uma garrafa de vinho tinto, Aquele mais leve que aquece o coração, recomendou. Foi tirando o anel vermelho-dourado do charuto, Pronto, o meu presente de formatura. Estendi a mão no antigo gesto infantil e ele enfiou o anel de papel no meu dedo, Salve a nova doutora! Quis saber se eu pretendia advogar. Contei que fora convidada para trabalhar com colegas criminalistas, mas por enquanto preferia continuar funcionária pública, queria mais tempo para seguir na minha campanha em defesa da leitura, conferências em escolas, bibliotecas... Queria também escrever.

Ele acendeu o charuto. Suponho que nesses encontros heroicos você não ganha nada, acertei? Acertou, não ganho nada. Ele apertou os olhos interrogativos, E como escritora? Levantei a mão fazendo um pequeno círculo com o polegar e o indicador, Zero! respondi e fiquei olhando a fumaça que ele soprou sorrindo para o teto. Não temos senso prático e isso já vem de longe, foi assim com aquele nosso antepassado português, grande navegador do século XVI, o século dos descobrimentos, João Álvares Fagundes. Pois esse Fagundes que está enterrado lá em

Portugal na Igreja Matriz de Viana do Castelo tinha até brasão, porém morreu pobre, glorioso mas cheio de dívidas. Paguei as minhas, acrescentou bem-humorado. Quando me formei podia advogar e enriquecer mas entrei por essas veredas e estou vendo que você vai pelo mesmo caminho, avô rico, filho doutor e neto mendigo, o neto agora é você! Levantamos o copo para brindar com alegria a descoberta enquanto lá das profundezas me veio uma pergunta, Mas o avô não era rico?

Meu pai olhou pensativo para a brasa do charuto, Henrique Benevenuto de Azevedo Fagundes, coronel da Guarda Nacional do Imperador! A gente morava num belo casarão na Rua Fagundes, bairro da Liberdade. Nas solenidades importantes minha mãe Pedrina ia com o longo preto e meu pai com a gloriosa farda. O amado pai das barbas brancas comandando a família numerosa e tão unida, ah! como éramos unidos e alegres. Eu estudava Direito lá na nossa escola, que fora um antigo convento de frades franciscanos no Largo São Francisco, saíram os frades e entramos nós. Eram frias as arcadas nas manhãs de garoa, Leva o sobretudo! minha mãe recomendava. Quando brilhava o sol a gente corria para o pátio e o calor das falas e risos, sim, era uma juventude no perfeito convívio com a família, ele acrescentou molhando o pedaço de pão no vinho. A família agora está desaparecendo aos poucos, mas como era bom crescer dentro dela, protegido pelo halo familiar. Meus irmãos também estudavam e de manhã era aquela correria, minha mãe apressando os retardatários com seus cadernos e livros, todos tinham escola, tirante o boi-corneta, que disfarçava mas realmente não estudava nada...

Boi-corneta? perguntei e meu pai pousou o charuto, abriu as mãos no mármore da mesa e adiantou, Essa é uma expressão dos velhos fazendeiros, boi-corneta é uma espécie de boi meio alucinadote que pula a cerca e apronta dando mau exemplo para os outros bois. Pois esse irmão quase caçula era o mais amado por minha mãe, ela não dizia mas a gente percebia, o preferido da ninhada era ele.

Fiquei ligada ao que tinha ouvido lá atrás, o avô era dono de várias casas, Mas pai, por que você não herdou ao menos uma casinha? Ele riu, Nenhum tijolo! Mas espera, nessa altura não quero me fazer de vítima, fui durante bom tempo um jogador, roleta. Quando houve a partilha da herança eu estava viajando e já tinha começado a brigalhada, éramos tão unidos e agora as discussões, as rixas... Vejo hoje que o casal era o apertado laço fechando o grupo, assim que ambos morreram o laço se desfez e a prole foi mostrando suas garras. A luta estava declarada, fazer o quê? Cada qual foi para o seu canto e eu com tamanho sentimento de solidão... Enfim, passou!

Mergulhei o pedaço de pão no vinho, imitei-o, sim, era tão bom. E me lembrei, boi-corneta? O pai voltou a sorrir despreocupado, Pois foi justo ele que se portou melhor nos distúrbios da herança, há de ver que minha mãe tinha lá suas razões apesar da história da farda. Farda? estranhei e ele soprou a fumaça com uma expressão divertida, Vou contar, pois nesse tempo não havia maiores distrações para as famílias tradicionais além dos bailecos no clube, em casa e algumas solenidades na igreja. Era então da maior importância a chegada de um circo e daí o alvoroço quando o Circo Internacional Columbus abriu seu imenso toldo no Largo da Liberdade anunciando trapezistas, mágicos, palhaços, amazonas e domadores de feras... Ele calou-se. Esperei. Acendeu outro charuto e apertou os olhos repentinamente rejuvenescidos, Então minha mãe Pedrina mandou a empregada comprar os ingressos naquele sábado.

Apareceram os palhaços com seus colarinhos, vieram os moços do trapézio voador, desfilaram as amazonas montadas nos belos cavalos e veio o domador de feras com a farda, brandindo o chicote para o leão de juba esgrouvinhada. É um leão velho demais, acho que já perdeu os dentes, cochichou minha mãe, mas o pai não desgrudava os olhos do domador, Pedrina, esse homem está com uma farda igual a minha, veja, até essas franjas douradas nos ombros e as medalhas no peito, não estou enxergando direito mas essas medalhas, Pedrina! Ela tentou acalmá-lo, Toda farda é assim mesmo enfeitada, farda de gente de circo e farda oficial precisa dos brilhos, é tudo parecido, mas estou impressionada é com esse leão capenga... Meu pai insistiu, Pedrina, olha com atenção, não é a mesma? As cores, os penduricalhos... E ela, zombeteira, Sim, parecida, mas não é a mesma porque a sua está lá guardada na arca. Vieram os anões, saiu o domador e o clima ficou mais leve quando meu pai se distraiu rindo com as provocações dos palhaços. Nessa noite mesmo, assim que chegaram em casa ela abriu sorrateiramente a arca. Estava vazia. Tão logo amanheceu foi ao circo, chamou o proprietário e pediu a farda de volta pagando em dobro o que o jovem vendedor tinha recebido. Voltou para casa, estendeu a farda na mesa e começou a escová-la. O fio ruivo e ondulado que veio na escova não lembrava a juba leonina? Ele a surpreendeu na limpeza, Mas esta farda não estava limpa? E ela, com naturalidade, Ah, querido, sabe como são essas coisas, a danada da poeira entra em tudo.

Meu pai e eu rimos baixinho enquanto ele prosseguia, Não vou contar agora como fiquei sabendo da operação-farda, sei que na época me animei muito porque pensei, há de ver que ainda vou dar um bom delegado de polícia! Enfim, de tudo ficou essa lembrança, o boi-corneta não era o mais bonito nem o mais inteligente dos irmãos, mas foi o mais cálido e amoroso, assim feito esse vinho.

O Direito de Não Amar

O noticiário vem diariamente banhado no sangue quase sempre jovem dos que amaram demais e não se conformaram, inspiração para o poeta Carlos Drummond de Andrade:

Os desiludidos do amor
estão desfechando tiros no peito.
Do meu quarto ouço a fuzilaria.

Fossem os nossos ouvidos assim sensíveis e estaríamos ouvindo o tiroteio atravessando paredes e portas, Se não ficar comigo que não fique com mais ninguém! A vaidade e o egoísmo atiçando o fogo no peito já aquecido pela própria natureza, o dedo no gatilho. Silencioso só o veneno ou a faca na premeditação que às vezes se desenvolve com requintes que se assemelham ao cuidado com que o lavrador elabora os seus cálculos ao consultar a lua para saber a hora exata da colheita. Premeditação que se desenvolve lá no fundo, naqueles abismos de onde sobe um murmurejo indecifrável e ao mesmo tempo nítido na operação que vai compondo o plano até deflagrar no gesto fatal.

Com ou sem planejamento cumpre-se assim o lamento de Oscar Wilde: "O homem destrói aquilo que mais ama". Principalmente se *aquilo* está amando um terceiro. Lembro agora daquele meu jovem colega que viveu esse drama mas por sorte, antes de chegar a perder o controle, acabou por encontrar a solução ideal, Ela não quer ficar comigo? Pois ficasse com o outro até o amargo fim, a própria vida iria castigar a infiel até a última gota, ai! vida que às vezes acaba sendo pior do que a morte, uma vingança a longo prazo.

A história não tem novidades, esse colega estava apaixonado por uma jovem que amava outro, disse que ele estava apaixonado? Mais ênfase nisso, apaixonadíssimo, ah! o que ele me atormentou com suas confidências delirantes, acreditava na luta e se empenhou nessa luta com tanta ferocidade e ao mesmo tempo com tamanha paciência, meu Deus, como ele lutou!

No início foi docemente que tentou seduzi-la com poemas, era poeta e acreditava no poder da poesia. Tentou em seguida seduzi-la com presentes, era rico. Não funcionou. A jovem rasgava os poemas, guardava os presentes, dava aquele suspiro e lá ia tranquilamente para os braços do outro, na opinião do rival um verdadeiro traste porque além de pobre tinha um problema na perna, mancava ligeiramente. Quando o desespero chegou ao auge o meu amigo ficou agressivo, violento, Eu não acredito, ela conseguiu se apaixonar por um tipo derrotado? Eu não respondia, mas pensava que era esse tipo que a fazia palpitar assim mais perfumada e branca do que a açucena no campo.

Ele dava murros na parede, Ela não tem o direito de fazer isto! Esta confidente entrava então com o arrazoado que era sempre o mesmo, O problema é que ela não te ama, está apaixonada por outro, não te amar é um direito que ela tem, ficou claro?

Não ficou claro não, porque ele se levantou feito um raio e jurou matá-la e se matar em seguida, fazer parte da tal fuzilaria. Ainda bem que tive o pressentimento de que ele não ia cumprir as ameaças. Sumiu durante algum tempo, misteriosamente andou sumido até reaparecer sorridente e calmo, Ela foi escolher um cara pobre e manco e que vai chateá-la até o fim.

Além do mais, daqui a pouco estará gorda, ela tem propensão para engordar e na infelicidade o peso sobe fácil. E eu estarei ainda jovem, lépido e contente em revê-la na maior decadência. Ela então vai se lembrar do quanto eu a amei e vai acabar ficando com verdadeiro ódio do marido, se nenhum casamento dá certo imagine se esse vai dar?!... Passará o resto da vida arrependida e pensando em mim.

Abracei-o aliviada, ótimo! Grande solução, a vingança ideal. Após a formatura não o encontrei mais e nem fiquei sabendo o que teria acontecido com o objeto da sua paixão. Restou a lembrança daquela original maneira de se vingar a longo prazo: deixar que o próprio tempo na sua marcha natural vá cometendo todos os desatinos que ele planejou. Ocorre-me hoje a fórmula que me parece ideal e tão mais simples porque se resume apenas numa palavra, *renúncia*. Não torcer para que a amada fique uma obesa ranheta e o marido ainda mais pobre e numa cadeira de rodas.

Renunciar com o coração limpo, mas tão limpo que mesmo no abandono ele terá forças para ver a amada assim como um girassol na despedida do crepúsculo. E desejar que ao menos ela seja feliz.

É Carnaval

Ligo a televisão e vejo o Carnaval milionário que faz o turista inocente (ainda existe turista inocente?) perguntar meio pasmado, Mas que país é este, o Brasil? O Brasil. As escolas de samba vão desfilando entre os dourados, pedrarias e plumas fingindo cobrir a nudez descoberta. Chove. Nos carros imensos surge aquela coisa gigantesca, é um condor? Abre as asas, o bico e dentro aparece a rainha coroada que me faz lembrar daquele modesto Carnaval no bairro do Brás. Espera um pouco, agora vejo as escolas milionárias, a música não convence, mas as imagens esplendorosas chegam a ser até agressivas. Procuro um Carnaval mais tranquilo e entra uma novela onde o bem e o mal estão exemplarmente separados sem a menor mistura, nenhuma ambiguidade nos bons que são bons até o fim e nos maus sem solução, estes o roteirista esquece entre as estripulias ou simplesmente os empurra para a morte de preferência violenta, a punição tem que ser exemplar. Também chove na novela.

Avanço a mão vacilante em busca de um canal apaziguado e entro de repente num hospital público. Os leitos ocupados e na desesperada invasão os doentes estão deitados nos corredores, os mais felizes em cima da padiola. Enfim, uma tristeza mas ao menos por aqui não há assaltos, é a paz silenciosa da miséria sem esperança. Uma repórter vai perseguindo o médico de avental que vê o microfone e implora, Por favor, agora não! A repórter é delicada mas persistente e ele enfim se entrega botando fumaça pelas narinas, acendeu um cigarro, Sim...? Ela está perplexa, afinal, o que significa este corredor com esta gente estendida no chão? Um escândalo! Ele traga antes de responder arfante, O hospital está completamente zerado, por acaso a mocinha sabe o que é um hospital zerado? Não temos dinheiro nem para comprar algodão, você sabe o que é algodão? A jovem comoveu-se ao ver o médico ser arrebatado por um colega que avisa, Há um conflito na fila de espera que está chegando até a rua e caiu uma tempestade.

Mudo de canal e a enchente persiste. Choveu além do previsto, as águas de fevereiro e março juntaram-se triunfantes e vão avançando furiosas como que buscando algo, o quê? Aparece o repórter também encachoeirado flagrando o aguaceiro que aumenta porque os bueiros estão entupidos, recusam novas águas que buscam seus caminhos e que são os mesmos caminhos do homem, E lá vêm elas arrastando tudo o que encontram pela frente, cadeiras rodopiando com colchões, panelas e fragmentos daquilo que foi uma cômoda ou um armário. A câmera se detém num cachorro magrelo que late em cima de um tampo de mesa querendo pular para a beira de um barranco, late desesperado como se avisasse, Vou pular! Agora a câmera mostra uma menina que chora aos gritos, perdeu a boneca que passou descabeçada na enxurrada. Ainda um breve retorno ao cachorro que conseguiu saltar para a beirada do barranco, ô alívio! Mas a menina ainda chora olhando para a torrente de água, e a boneca? Esqueça! ordena a mãe que perdeu a casa e sacode a cabeça desgrenhada porque não sabe para onde ir com as crianças e os bichos, as maiores vítimas dos alagamentos. Agora o repórter se desvia da família para se fixar num carro que vem deslizando mansamente, está completamente inundado e dá rodopios como se estivesse ao som de violinos numa valsa submersa.

Mudo de canal, começou outra guerra? Pelo visto começou, olha aí a coluna dos soldados afundando as botas nos charcos, continua a chuva também nessa guerra. Lembro agora daquele clássico filme francês no qual a morte parecia mais lenta e mais rara com a trégua da trincheira, maravilha de trincheira onde o soldado mergulhava e podia transitar no buraco cavado na terra, fumava um cigarro, comia um tablete de chocolate e até escrevia para a namorada. O cúmulo da cortesia militar quando o prisioneiro topou com o inimigo e ambos bateram continência, ah! delícia de guerra.

Desligo. Na silenciosa penumbra volto a me lembrar de um Carnaval da minha infância, quando minha mãe me fantasiou de cigana e lá fomos com o tio que tinha automóvel e nos levou para ver o desfile. Um desfile sem pretensão mas às vezes com uma ironia maliciosa. A rainha coroada não saía nua de dentro do bico do condor, mas de uma concha que se abria e fechava representando o fundo do mar. Com um vestido de pérolas brancas e olheiras negras ela avisava, Eu sou a cocaína! E atirava beijos nas pontas dos dedos para o público, Eu sou a cocaína! Atrás do carro com a concha, longas filas dos fantasiados de caveira, a bata negra a se arrastar pelo asfalto, ajustada na cara a máscara escaveirada. Perguntei ao tio o que era isso, cocaína, e ele respondeu exaltado, É a morte, a morte!

Os Carnavais antigos sem as enchentes, sem as balas perdidas. As crianças protegidas nos vesperais dançantes, ninguém morria e as músicas que tocavam todos conheciam de cor. A graça das fantasias misteriosas, os dominós de longa bata de cetim preto chegando até o chão, as luvas e os folgados capuzes debruados de arminho branco escondendo a cabeça, casados e comprometidos querendo aprontar no anonimato. A voz vinha velada atrás da renda da máscara que escondia a cara, Você me conhece?

A esta pergunta eu respondo hoje, não, não conheço porque o seu verdadeiro retrato está escondido sabe Deus onde.

Álvares de Azevedo

Casa do Estudante, Rio de Janeiro. Naquela tarde azul lá fui falar sobre os jovens poetas românticos com os nomes gravados no pórtico da nossa Faculdade de Direito do Largo São Francisco: Álvares de Azevedo, Fagundes Varela e Castro Alves. Arrebatados pelo famoso Anjo das Asas Escuras, nenhum deles completou o curso porque morreram antes, eles e outros poetas maiores e menores do romantismo: Álvares de Azevedo tinha apenas 21 anos, Fagundes Varela mal chegara aos 34 e Castro Alves, 24 anos.

O poeta Carlos Drummond de Andrade assistiu à conferência e quando foi me cumprimentar anunciou com um sorriso, batizara a escola romântica, era a Escola de Morrer Cedo.

Na Europa do século XIX o descabelado romantismo já estava cansando. Esgotada a taça do intimismo lírico, a tendência era fazer uma pausa na avaliação dos exageros da intuição e da fantasia. Lord Byron e Goethe, Leopardi e Shelley, Victor Hugo com tantos outros já davam sinais de enfaro. Mas nestas lonjuras a revolução estava apenas começando e com a força das lavas de um vulcão as correntes estrangeiras começaram a se infiltrar na nossa raça e no nosso meio.

A garoenta cidade de São Paulo tinha pouco mais de 20 mil habitantes. O casario com austeras rótulas nas janelas baixas e telhados enegrecidos. O trânsito escasso, uma beata de mantilha negra em direção à igreja e um pai de família com o relógio preso à corrente no bolso do colete, voltando da farmácia com as últimas novidades da Corte. Um escravo conduzindo o burrico com cestos no lombo. Os sapos coaxando no Vale do Anhangabaú. Nas noites escuras acendiam-se os lampiões mas se a noite estava clara a cidade era iluminada pela luz do luar. Raras as reuniões com as mocinhas tocando piano. Às vezes, um baile na Sociedade Concórdia mas animado mesmo era o Largo São Francisco no período da manhã, quando os alunos se reuniam nas redondezas e no pátio da escola, o famoso pátio com as arcadas daquele convento franciscano. Saíram os frades com suas sotainas e entraram os acadêmicos com as longas capas pretas.

Excitadíssimos os nossos poetas com aquela liberdade do romantismo e entre eles o jovem que mais focalizei naquela tarde, Manoel Antônio Álvares de Azevedo, o Maneco, como era chamado pela família. Conhecia várias línguas, morou em repúblicas, antros de perdição, assim se referia a elas a sociedade local. Mas na opinião de alguns biógrafos o poeta não teria participado dessa vida boêmia: era recatado, contemplativo. Estudava e lia com sofreguidão mas costumava se recolher cedo para escrever seus poemas à luz das velas. Na cabeceira, além da Bíblia, livros de Shakespeare e Byron, que escreveu num transe: "Para que um homem se torne poeta é preciso que esteja apaixonado ou desgraçado. Eu sou as duas coisas juntas!". Infeliz o jovem byroniano parecia ser, mas apaixonado?... Segundo o testemunho dos poucos amigos não tinha namorada visível nem invisível, tratava as mocinhas burguesas com aquela bem-humorada ironia mas admirava realmente o herói dos charutos e do vinho:

Meu herói é um moço preguiçoso
Que viveu e bebia porventura
Como vós meu leitor; se era formoso

Ao certo não o sei. Em mesa impura
Esgotara com lábio fervoroso
Como vós e como eu a taça escura...
Era pálido sim... mas não d'estudo:
No mais... era um devasso e disse tudo!

A realidade e a fantasia. Na *Lira dos Vinte Anos* o paulista Álvares de Azevedo falou muito nesse vinho e no charuto mas quem realmente se esbaldou no vício foi o fluminense Fagundes Varela, que teria sofrido a influência do seu satanismo. Assim se descreve o destemperado Fagundes Varela:

Perdoa o leitor se até agora
Nada lhe tenha dito a meu respeito
Quando se passa esta história eu era moço
E estudava a ciência do Direito.

Pode ser que livros não abrisse
Que não votasse amor à sábia casta
Mas tinha o nome inscrito entre os alunos
Na Escola de São Paulo e é o quanto basta.

O terceiro nome gravado no pórtico da escola, Antônio Frederico de Castro Alves. O nosso Maneco cantou tanto as musas mas quem as conheceu de fato foi o baiano Cecéu, sobre o qual escreveu Antonio Candido: "A grande e fecundante paixão por Eugênia Câmara (até que enfim uma mulher de carne e osso, localizada e datada, após as construções da imaginação adolescente) percorreu-o como corrente elétrica".

Depois que perdeu a amada vieram outras se revezando em torno do baiano elegante e aclamado nos teatros e nas praças. Porém, com sinais evidentes da tuberculose ele mudava o nome das musas mas pensava ainda na atriz portuguesa:

Boa noite, Maria! Eu vou-me embora.
A lua na janela bate em cheio.

Boa noite, Maria! É tarde... é tarde...
Não me apertes assim contra teu seio.

Voltando ao nosso Maneco, é bom lembrar que ele escreveu sobre mulheres sim, mas estavam todas dormindo. Ou mortas.

Não acordes tão cedo!
Enquanto dormes
Eu posso dar-te beijos em segredo...
Mas, quando nos teus olhos raia a vida
Não ouso te fitar...
Eu tenho medo!

Quer dizer então que o poeta cheio de ardências era virgem? "Virgensíssimo!", escreveu Mário de Andrade. Medo do amor sexual, o mesmo medo de Casimiro de Abreu, o poeta de Barra de São João (estado do Rio) que escreveu sobre a saudade da "aurora da minha vida", um amante da natureza que faz lembrar a poesia de Gonçalves Dias: "de quem herdou não só a sensibilidade mas também as agruras do exílio", escreveu Ronald de Carvalho. O poeta dos pressentimentos morreu com 24 anos.

Os pressentimentos e a fatalidade. Escrevendo e lendo aquela barbaridade que Álvares de Azevedo leu (só 20 anos!), como ele teria tempo e forças para as famosas noitadas? A solução era posar de desregrado, devasso, fazendo uma poesia fiel ao clima da geração. Nas orgias inglesas Lord Byron bebia num crânio transformado em taça com alguns ornamentos de ouro. Pois os seus discípulos paulistanos, segundo a tradição acadêmica, iam beber vinho num crânio desencavado lá no próprio cemitério iluminado à noite pelas tochas. O nosso poeta escrevia sobre essas cerimônias satânicas mas na realidade, de acordo com a versão, antes de dormir tomava um copo de leite.

Outra versão que corria: o poeta era um sonso, posava de bem-comportado mas quando morava com o avô, o Doutor Silveira da Mata, ao anoitecer pulava a janela do sobrado e enrolado na capa preta lá ia embuçado para a Taverna do Corvo. Ou para os prostíbulos da Rua da Palha, hoje Rua 7 de Abril. Quando voltava para casa uma mucama-cúmplice abria depressa o portão de ferro para o pálido moço das olheiras negras.

E agora?!... Na terceira versão o estudante-poeta não era nem casto nem desregrado mas um simples *voyeur*, que sentia prazer apenas em olhar, olhar, olhar... Prazer tão excitante quanto o de participar realmente da coisa, tudo leva a crer que só assistir transmite o mesmo gozo com o cansaço no final, ah! os pálidos jovens do vago n'alma com os devaneios e as vidências.

Quero lembrar agora o diálogo do poeta com o seu fantasma preferido, tanta aflição e tanta dúvida:

Cavaleiro das armas escuras
Onde vais pelas trevas impuras
Com a espada sangrenta na mão?
Por que brilham teus olhos ardentes
E gemidos nos lábios frementes
Vertem fogo do teu coração?

Só no final o fantasma responde ao poeta:

Sou o sonho de tua esperança
Tua febre que nunca descansa
O delírio que te há de matar.

Ano de 1852. Álvares de Azevedo tinha passado para o quinto ano do curso e estava de férias com a família na Capital Federal, aquele Rio de Janeiro que ele amava tanto, não gostava de São Paulo, "terra de formigas e de caipiras", conforme se queixava nas cartas para a mãe. Repentinamente sentiu-se mal e atribuiu as dores a uma queda quando cavalgava nos ermos da pauliceia. Foi operado, tumor na fossa ilíaca. Falou-se em tuberculose, em pulmões afetados, o Mal do Século, como se dizia na época. Muitos deles tinham aquele palor e aquela dor mas foi nítido o diagnóstico após a operação que sofreu sem anestesia e sem gemido. E lembro agora que após o acidente com o tiro de espingarda, Castro Alves teve o pé amputado. Operação sem gemido e sem anestesia: "Corta-o doutor, assim terei menos matéria que o resto da humanidade".

Os moços das capas pretas e a antiga lição greco-romana do estoicismo, ah! essa Escola de Morrer Cedo. O último poema e os presságios. Álvares de Azevedo pede à mãe que saia do quarto, quer poupá-la. Aperta a mão do pai:

Se eu morresse amanhã viria ao menos
Fechar meus olhos minha triste irmã
Minha mãe de saudades morreria
Se eu morresse amanhã!

Ele tinha às vezes acessos de humor, mas um humor irônico. Talvez achasse graça ao saber que hoje o busto em sua homenagem erguido na Praça da República tem a cabeça de Fagundes Varela, equívoco de quem encomendou a homenagem e trocou as cabeças? Pois lá está a cabeça de Fagundes Varela com o famoso verso do Maneco: "Foi poeta, sonhou e amou na vida".

O leitor é o meu cúmplice, isso já foi dito em outra ocasião. Recorrendo ao estilo romântico, convido agora esse leitor a descansar na mão direita a fronte pensativa e refletir sobre essas versões em torno da vida do poeta: Vamos, leitor, vosso julgamento será definitivo.

O Chamado

Nos tempos dourados aprendi duas palavras que acabaram tendo tanta importância no meu ofício, a palavra *liberdade* e a palavra *justiça*. Mas foi no terreno dos esportes que conheci realmente a *disciplina*, segredo do modesto equilíbrio desta escritora neste indisciplinado país. Sim, foram aquelas aulas de esgrima que eu amava e ao mesmo tempo temia, foram elas que me ensinaram a dura lição do desafio de exigir rapidez de raciocínio a alguém de reações lentas, Uma tartaruga! ouvi minha mãe gracejar. Contudo, como me sentia feliz naquele uniforme todo branco, a túnica fechada e o coração de feltro vermelho pregado no lado esquerdo do peito. O professor provocava e investia enérgico nos treinos com máscara e florete. Em guarda! ele ordenava e eu tentando disfarçar a natural lerdeza, tinha que ser sagaz e me confundia em meio às ordens, Se defenda depressa que agora você se descobriu, olha o peito desguarnecido! Eu reagia tarde demais porque ele avançava implacável até tocar com a ponta do florete no meu coração exposto.

Ficou a lição de cobrar de mim mesma uma energia suplementar, a força acumulada lá no fundo e que hoje eu chamo de minhas *reservas florestais*, enfraquecidas pelo desmatamento. Nessa época eu já falava em vocação, que vem a ser a vontade de fazer isto e não aquela outra coisa eventualmente mais proveitosa e até mais fácil: *Vocare*, aprendi nas aulas de latim. O chamado. Obedecer a esse chamado é uma destinação e não condenação, porque nesta entra o amargor que transforma o escritor numa esponja de fel. Obedecer à vocação seria simplesmente exercer o ofício da paixão, era o que me ocorria quando diante da pequena mesa abria o estojo com as canetas, escolhia a pena preferida, molhava no tinteiro e começava a escrever minhas histórias. Mas tomando cuidado para não sujar os dedos, esfregar o mata-borrão melhorava, mas cuidado com a blusa!

Quando me perguntavam o que eu queria ser respondia, Escritora. Mas não falava em vocação, tinha pudor em assumir o ofício porque poderia parecer arrogância com um toque até de soberba. Só mais tarde compreendi que na vocação não está incluída a glória, tantas vocações verdadeiras e o silêncio, ninguém leu, ninguém viu. Vocação seria então apenas isto, atender ao chamado sem se preocupar com o resultado, cumprir o aprendizado da paciência e do amor.

Não sei como será a vida de um escritor de outras terras, outras gentes, mas sei da vida desta escritora neste país, testemunha deste tempo e desta sociedade, pisando no chão da realidade de analfabetismo e de miséria. Passei muito tempo participando do que chamo de verdadeira cruzada: fui a universidades, centros de cultura, bibliotecas, repetindo sempre, O dia em que tivermos mais creches e mais escolas teremos menos hospitais e menos cadeias. Adiantou? — alguém pode perguntar. Pelo visto não adiantou, mas lembro Camões: "Estou em paz com a minha guerra".

Uma guerra dura, sim, afinal escrevo em português, língua desconhecida, embora o nosso estilo ou modo seja o charmoso feitio brasileiro. O poeta Olavo Bilac, já naquele tempo, escreveu estes versos sem ilusões: *Última flor do Lácio, inculta e bela/*

És, a um tempo, esplendor e sepultura. Olha aí, uma verdade terrível, "esplendor e sepultura". Ainda bem que acrescentou em seguida: "Amo-te assim, desconhecida e obscura". Pois participo dessa declaração de amor, apesar de tudo, a coragem de acreditar na luta: se tivesse uma bandeira ela teria duas cores, o verde da esperança (a única cor que amadurece) e o vermelho na outra metade, a cor da paixão com suas cintilações de cólera.

Uma luta que me parece, às vezes, uma estranha luta de boxe com o autor e a palavra numa espécie de jogo de atração e repulsão, os *boxeurs* se juntam e se separam, se buscam e se desviam sangrando, o pensamento verte sangue. Mas resistem bravamente porque a luta tem que ir até o fim.

Alguns dos meus textos nasceram de uma simples frase ou de uma imagem, algo que escutei ou apenas vi e retive na memória, essa incompreensível faculdade da memória e "sem a qual eu não poderia pronunciar o meu próprio nome", como escreveu Santo Agostinho. Contos ou romances que nasceram de algum sonho, enfim, a maior parte dos meus trabalhos deve ter origem lá nos emaranhados do inconsciente — a zona vaga e imprecisa do mistério. Impossível determinar as fronteiras do criador e da criação, os limites do imaginário e do real. Minha obra tem um certo travo de amargar? Anoiteço às vezes como toda gente mas espero pela manhã com seu bíblico grão de acaso, de loucura. E de imprevisto.

Escrevi no livro *A Disciplina do Amor* que o escritor no Brasil é uma espécie em extinção mas vejo hoje que a espécie em processo de extinção é o leitor. Em cada esquina agora tem um novo editor com os escritores num delírio de lançamentos, sim, um verdadeiro porre de livros. E por onde anda o leitor fugidio? Li outro dia no noticiário que um esquartejador confesso dispensou o advogado porque queria mesmo ser preso para poder escrever suas memórias na paz do presídio. Com tarde de autógrafos.

Em Salvador vi num antiquário a imagem de um anjo de botas vermelhas e manto azul esvoaçante levando na mão direita um archote. Longo tempo fiquei olhando o belo anjo de olhar doce mas firme, empunhando aquela tocha acesa, a chama subindo em vibrantes ondulações douradas. Um Anjo Tocheiro? Um Anjo Tocheiro, que eu gostaria de ter hoje para clarear o meu caminho.

Sobre Lygia Fagundes Telles e Este Livro

A Ponte Chamada Palavra

POSFÁCIO / LÚCIA TELLES

Conspiração de Nuvens foi o último livro escrito por Lygia. Fecho os olhos e ainda lembro como era estar frente a frente com ela na nossa mesa de madeira, na sala do apartamento na Consolação. Sinto o cheiro do creme Nivea, imagino o anel de pedra azul, quase ouço o tlec-tlec da frenética Olivetti. Então, volto àqueles meses que fecharam o ano de 2006 e tenho a nítida presença da avó escritora produzindo suas teias, aranha que sobe, mosquito fisgado, tramas perfeitas, fortes, misteriosas, e o olhar irônico, levemente amendoado me interrogando: "Fui muito cruel nesse final?".

Quando fomos a Portugal, onde ela recebeu o prêmio Camões, em certo momento do voo olhando para as nuvens que nos rodeavam ela falou de como aquela conspiração podia ser bela e terrível. Tinha muito medo das viagens de avião e um declarado fascínio pelo céu. Falou que as nuvens eram passado e presente reunidos, que o tempo ali estava suspenso. Andava muito preocupada com a passagem do tempo tão rápida, implacável. E com medo da morte, da solidão.

Perdeu seu único filho — e meu pai —, Goffredo, no ano seguinte, em 2006. A noite medonha e inesquecível em que tive que dar a notícia de que não tinha mais jeito, que ele havia ido embora. Os dias seguintes quase sem luz, a incompreensão, como íamos seguir? E ela resolveu, então, escrever este livro buscando as forças em um lugar misterioso que tinha em si, resgatando o que existia de memória e lembrança de um passado que insistia em reviver.

Conspiração de Nuvens foi escrito em uma toada corajosa para escapar do desespero. E foi o primeiro que eu vi sendo escrito — um início pra mim, um encerramento para ela. A sua produção foi fiel à maior crença de Lygia: "a arte que nos salva da morte, que abre as portas para a vida". Nem Deus, nem a família, nem os amigos, nem os cachorros, nem o amor; o que a deixou em pé pronta para a luta foi sua criação, sua literatura. Foi assim com este livro, que trouxe para a escritora, para a mulher, para a mãe e para a avó, a possibilidade de continuar viva.

A porta aberta para a vida entrar, para o desespero sair, avistar o mistério das nuvens que não contam o tempo, apenas se reúnem. Criadora e criatura estão nesse enigma, da gargalhada seguida do choro, da felicidade contornada de angústia, da esperança recheada de medo. Aí reside o fascínio da escritora — e da avó também. Para conhecer Lygia de fato essas ambiguidades precisavam estar presentes, claras, fluidas. Por trás da mulher linda, divertida, leve, havia um turbilhão de incertezas, preocupações, tempestade.

Lygia trabalhou muito, durante toda sua vida, até os últimos anos. Acompanhando-a de perto posso dizer que seu grande amor e alegria maior foram seu trabalho, o ofício da escrita. Entregar através das palavras aquilo que ela tinha de melhor, de mais profundo, de mais generoso. Ela sabia disso, e gostava de falar disso. E foi boa contista, boa romancista, boa cronista. Circulou pelos gêneros literários, gostava deles todos. Foi leitora assídua de poetas como Gregório de Matos, Castro Alves, Drummond, Bandeira, Baudelaire, Homero, Camões, Hilda Hilst, Cecília Meireles, e sem dúvida, esse amor e estreito relacionamento com a poesia ajudaram a constituir seu estilo conciso, de não dizer tudo, de empregar na palavra a força de seus sentidos e usá-la de forma limpa, sem rodeios, mas com muita exatidão. Entregar apenas uma parte das coisas, ajeitando o véu nas construções. A palavra que se mostra e esconde outra. Seus livros têm esse mistério que precisamos decifrar, esse espaço para que o outro, o leitor, faça sua parte, suas interpretações. Tinha isso nela também. Misteriosa demais, para conhecê-la era preciso ultrapassar aquela impressão suave, bela, que se apresentava.

Olhando rapidamente, pode parecer que estas crônicas de *Conspiração de Nuvens* — ainda que Lygia afirmasse não saber escrever crônicas — são menores comparadas aos seus contos, romances. Com a lupa em punho e a disposição aguçada, temos um livro extremamente importante em sua trajetória. Sentada em sua mesa, na sala cheia de plantas e livros, as coisas foram voltando a fazer sentido. A vida foi pedindo para voltar, as mãos acordando novamente na rapidez em que teclava letra a letra. O olhar curioso e certeiro voltando a identificar as nuvens lá fora na janela do apartamento alto, o céu, as pombas.

Ao seu lado, eu estava aprendendo, consolando, chorando e rindo com ela. Enxergando na escritora a avó que eu conhecia tanto, e seu misterioso e profundo mergulho na sua vocação, na sua criação, no seu jogo com as palavras "Ganhamos, perdemos? Não importa".

O livro/síntese, então, com os textos aparentemente leves — ela era boa nesse jogo de aparentar leveza para escancarar o absurdo — trata assuntos sérios, caros à escritora, que em "O Visitante" ela resume bem: sua biografia está presente em todos os seus livros, é só prestarmos atenção.

Nesta coletânea, com seu conta-gotas, Lygia vai pingando traços característicos de sua personalidade mais íntima, constrói um autorretrato fiel, quem a conheceu reconhece: "Fiquei em silêncio. Sou lenta nas decisões e isso vem desde o tempo da minha juventude, quando participava das partidas de vôlei e tinha que me desenrolar rapidamente, tão rapidamente! Era a cortadora e não podia hesitar, a cortada tinha que ser agora, já!"; "Custou um pouco (sou distraída) para perceber que o perfume de âmbar fazia parte do elevador"; "sabia que viver com Paulo Emílio era o mesmo que andar com um passaporte na mão"; "mas por enquanto preferia continuar funcionária pública, queria mais tempo para seguir na minha campanha em defesa da leitura, conferências em escolas, bibliotecas... Queria também escrever"; "Não temos senso prático e isso já vem de longe".

Começamos pela triste e estranha história da tia Elzira, a virgem morta de peito gelado coberta por seus poemas. A menina Lygia ouvindo as histórias da mãe, tentando compreender o significado de termos que se tornaram fundamentais na obra: preconceito, virgindade, solidão. Tia Elzira é uma das personagens recorrentes de Lygia, da escritora e da avó. Quantas vezes na infância ouvi essa história, com muitas encenações, sempre com aquela admiração encoberta de piedade que sentia por essa Tia, tradução perfeita de um tipo feminino comum, evidenciando uma marca sua em que o universal é sempre bem representado pelo individual, particular. A contista Lygia abre o livro com esse texto não à toa e fisga o leitor com sua maior armadilha: "Esta é uma história verdadeira, contada por minha mãe no tempo em que morávamos em Sertãozinho". Somos levados por esse caminho, de mãos dadas com a escritora que parece estar rememorando seu passado. Jogo montado, o relato é terrível, solta nossa mão e como quem segue lembrando dá o xeque-mate: "Pois nesse instante chegou ao sobrado azul um jovem mensageiro com uma bela braçada de lírios. O ramo de flores estava sem cartão e quando alguém correu para falar com o mensageiro, ele já tinha desaparecido, o mensageiro era um Anjo!".

A infância no interior, os pais, a paixão pelos bichos, a descoberta do significado das palavras e da apreensão mais profunda da língua, a adaptação na cidade e seus costumes em sua juventude vão costurando o livro que também dá conta de temas da vida adulta. A política, os anos terríveis da ditadura, a morte do filho embaralhada à de um amigo querido e a recorrente e obsessiva ideia da origem da criação estão presentes aqui. E com essas lembranças e pequenos relatos somos fisgados, naquele tom em que Lygia nos puxa pra perto de um mistério que só ela saberia resolver, mas nunca resolve. A avó era assim também, seu magnetismo infalível, essa atração que nos aproximava dela, e nunca revelava tudo.

Ainda perplexos com o desfecho de "Elzira", entramos no labirinto da criação "De onde vem? Como desvendar esses mistérios?", "Bolas de Sabão" voa flertando com a própria "estrutura" da bola ou da "bolha", em que a criadora divide com o leitor os mistérios da ficção, da memória "No futuro o passado inventado não será mais válido do que o verdadeiro?".

Como último livro escrito, os amores de Lygia estão aqui, pulsando.

Há crônicas, inclusive, com os nomes deles, Paulo Emílio, Machado de Assis, Álvares de Azevedo. Nas três, há alusões a outros textos importantes, seus: "A Rota dos Triângulos" (*Durante Aquele Estranho Chá*), *As Meninas*, "Natal na Barca", "As Formigas", *As Horas Nuas*, e deles: *Três Mulheres de Três PPPês, Jean Vigo, Lira dos Vinte Anos*. E ainda "os títulos dos romances da minha paixão, *Memórias Póstumas de Brás Cubas, Dom Casmurro* e *Quincas Borba*". São muitas as referências a tudo que importava para ela, que a formou, de que ela gostava. Os poetas românticos, a geração de *Clima*, a poesia de Drummond, Bandeira, Baudelaire, Olavo Bilac, Camões, o Teatro e Alfredo Mesquita na Livraria Jaraguá. Nada escapa, está tudo aí.

A crônica que dá título ao livro e "Solo de Clarineta" merecem atenção especial. A luta política pelo fim da censura, por um país livre é evocada na primeira através da lembrança do "Manifesto dos Mil", assinado por escritores e intelectuais "o horror, o horror no auge do desrespeito aos direitos humanos na aspiração da verdade e da justiça". O medo presente no embate que travavam contra a ditadura e na terrível viagem de avião em que nuvens conspiravam no céu. E o medo novamente, o da morte, em "Solo de Clarineta", o único texto que escreveu sobre a morte do filho amado. Mas novamente, o véu protetor, que mistura as lembranças, que protege um pouco as feridas profundas. A dor da morte do amigo querido Erico Verissimo se mistura à do filho Goffredo, "Mas há certas mortes que me remetem à infância, ao medo das noites escuras que não vão amanhecer". Lembranças de um e de outro, semelhantes nos gostos, nas vocações, no signo, "Ele era do signo de Sagitário, metade homem e metade cavalo, asas e patas. O andarilho gostava de escrever e de ouvir música. Gostava também de gente. Ainda em pensamento parei um instante enquanto a casa foi desaparecendo, ficou o silêncio". Lygia não escreveu nada mais sobre esse golpe maior que foi a perda do único filho. Dedicou o livro à minha irmã e a mim (as filhas dele!) e, a duras penas, seguiu a vida.

As minhas primeiras memórias com ela são em seu apartamento, com os gatos bravos, a máquina sobre a mesa, os recortes de jornais com crimes que a interessavam.

Engraçada e amorosa. Uma delícia na intimidade, muito engraçada, ríamos muito juntas. E triste também, chorávamos de mãos dadas. Tinha um saber e olhar sobre as pessoas muito especial. Decifrava situações, questões, era impressionante. Sempre muito aberta, atenta às questões de gênero, transgênero, homossexualidade, depressões, vícios, loucura, dizia sempre: "Eu realmente amo os loucos, os sofredores, os incompreendidos. Entendo bem a luta deles".

Na minha infância contava histórias de mistério, terror. Nunca teve historinha de criança. Lia para mim Edgar Allan Poe. Eu adorava; medo e fascínio. As histórias em torno dos quadros, das pinturas, os seres que pulavam das gravuras antigas e ganhavam nome, vida. Picasso, Bruegel, Di Cavalcanti, Flavio de Carvalho tinham seus quadros interpretados por ela, que criava enredos vibrantes transformando todas aquelas imagens em histórias que me acompanham sempre, até hoje.

E ela era muito organizada. Uma metodologia para o trabalho. Gostava de etiquetar as coisas, anotar informações importantes, organizar pastas e textos, trabalhava o dia todo. Acordava tarde, dormia tarde. E o dia todo era dedicado ao trabalho.

Os livros levavam um tempo longo de feitura, de exercício, de construção dos enredos e personagens. O trabalho e envolvimento em cada passagem, a atenção nas emendas, os comentários dela em relação ao longo e trabalhoso período em que cada um foi escrito. Sempre gostou dos assuntos sérios, da vida das pessoas, das dificuldades. De dar voz e prestar atenção aos grupos mais frágeis, excluídos. Gostava de histórias fortes. Falou e escreveu muito sobre o fazer literário, segundo ela, composto principalmente pela loucura, o acaso e o imprevisto. De como a literatura surge dessas combinações e ao mesmo tempo salva a humanidade de suas amarras. Falava da paixão pela palavra, a luta do escritor com a palavra, luta de "suor e sangue. A palavra verte sangue". Ela acreditava na esperança, na aposta e no amor.

E sempre fez suas escolhas dos temas com uma marca individual, que busca no todo as miniaturas. E as suas personagens! Tínhamos uma brincadeira de associar cada uma com aqueles nossos parentes, vizinhos, amigos, inimizades. A enorme vitrine de homens, mulheres, crianças, gatos, formigas que Lygia fez viver nos atrai para os seus livros com um fascínio, ou somente simpatia, com os sofredores, os loucos, os infelizes, os que necessitam ser ditos por outro alguém. Esse fascínio, simpatia, não exclui nunca a lucidez na observação e crítica na análise, e aí está a chave para abrir o mistério do próximo. Era assim na vida também. A palavra é a ponte entre escritor e leitor: "Vem!".

Importante ressaltar a reconhecida e impressionante limpidez na sua narrativa, uma falta de pressa, cálculo preciso de quem sabe o que deve fazer, o detalhe a marcar, o véu que cai e o que cobre. Falava muito da aflição do escritor, que muitas vezes tem um ótimo assunto, mas o destrói na afobação de ir logo ao fim, anulando a possibilidade do mistério, do desvelamento também, pelo mistério. O silêncio escondido entre as palavras é o maior desafio, insistia.

Em um trecho de uma carta que escreveu pra mim quando reeditou todos seus livros pela Companhia das Letras, ela confessa: "Não sei se minha vida, meus antepassados são mais excêntricos, dramáticos, mas a minha vocação para escrita surge dessa própria cena tão fantasiosa, nebulosa, que foi e é a minha vida real. Escrevo, na maioria das vezes, sobre aquilo que vejo, ouço, leio, lembro. Estou toda lá, nos livros, sempre". Lygia fecha *Conspiração* afirmando essa ideia, confessando de forma clara e certeira a percepção que tem sobre sua criação literária. "Alguns dos meus textos nasceram de uma simples frase ou de uma imagem, algo que escutei ou apenas vi e retive na memória [...] e 'sem a qual eu não poderia pronunciar o meu próprio nome', como escreveu Santo Agostinho. Contos ou romances que nasceram de algum sonho, enfim, a maior parte dos meus trabalhos deve ter origem lá nos emaranhados do inconsciente — a zona vaga e imprecisa do mistério. Impossível determinar as fronteiras do criador e da criação, os limites do imaginário e do real."

"Em que espelho ficou perdida a minha face?", escreveu Cecília Meireles. A longa busca de si mesma. Da sua personalidade. Do seu destino, "em que espelho ficou perdida a minha face?". Na noite dos tempos, a pergunta tão antiga já está sendo respondida. E vem Lygia com sua jovem personagem que responde à poeta: "Havemos de amanhecer!".

Recepção Inicial

Lygia Fagundes Telles não se preocupa em definir o limite que separa a realidade da ficção — em seus escritos, fatos verdadeiros são contados ao sabor da imaginação, resultando em textos que almejam a perfeição estilística ao mesmo tempo que obrigam o leitor a pensar e repensar. É o que se pode observar em *Conspiração de Nuvens*, livro inédito e que será sua principal novidade na Bienal do Livro do Rio, a partir do dia 13.

São dezenove histórias enxutas, que trazem ficções novas, reminiscências da infância, relatos de viagens, crônicas sobre a cidade de São Paulo e perfis de intelectuais brasileiros com quem conviveu. Algo como uma paleta de cores, em que os tons mais suaves são representados pelas lembranças de infância como em "A Quermesse", enquanto os mais sombrios trazem recordações dos momentos de perda e de opressão, como no conto que dá título ao livro.

[...] na literatura de Lygia, a realidade está envolta na sedução do imaginário e da fantasia. Tranquilamente, ela se justifica como uma fiel discípula de Aristóteles. "Para ele, o criador é o memorialista, aquele que retrata os momentos como realmente são, enquanto o ficcionista se preocupa mais com o que poderia ter acontecido. E é aí que encaixo, pois entra a paixão."

O amor pela escrita, aliás, foi redentor. Depois que perdeu seu único filho, o cineasta Goffredo Telles Neto, a escritora viveu momentos de depressão. “Eu estava muito triste, angustiada, sem interesse por objetos ou pessoas”, relembra. “Tenho meus santos, mas a religião me era insuficiente, ao mesmo tempo que me afastei dos amigos. Minha salvação foi escrever, foi a única coisa que me seduziu.”

Iniciar o trabalho de *Conspiração de Nuvens* permitiu-lhe, portanto, reencontrar a esperança. Lygia preocupou-se também em dar um exemplo de perseverança às duas netas, Lúcia e Margarida, que a ajudaram no trabalho. “Foi como encontrar uma boia em meio a uma tempestade, a vontade de lutar voltou novamente.”

Ubiratan Brasil para a edição de 30 de agosto de 2007 do jornal *O Estado de S. Paulo.*

O que significa exatamente a palavra "vocação"? Um dom, a capacidade inata de exercer determinado ofício? A palavra deriva do verbo latino *vocare* (chamar) e é a esta origem que Lygia Fagundes Telles recorre ao afirmar que vocação é a decisão de optar por este e não aquele caminho, ainda que o segundo possa parecer mais fácil e seguro. Como ela afirma em seu novo livro, "na vocação não está incluída a glória, tantas vocações verdadeiras e o silêncio, ninguém leu, ninguém viu. Vocação seria então apenas isto, atender ao chamado sem se preocupar com o resultado, cumprir o aprendizado da paciência e do amor".

[...] Pouco afeita aos experimentalismos que marcaram as primeiras gerações modernistas e boa parte da ficção brasileira do século XX, Lygia optou por outro caminho, o da difícil arte da simplicidade — sob a qual se esconde toda uma sofisticada técnica de escrita — que se pode encontrar no livro lançado agora, terceiro de uma série que se inicia com *Invenção e Memória* e prossegue com *Durante Aquele Estranho Chá*.

Aqui, como nos anteriores, a autora escreve sobre a linha finíssima que separa memória e ficção. A cada página, equilibra-se nesta corda bamba que se modula na clave ora do fantástico, ora da leitura do cotidiano, ora do assombro (ou da revolta) com a crueldade do mundo em torno.

Espelhando o próprio modo de funcionamento da memória, os dezenove relatos do livro vão e vêm em desalinho, compondo aos poucos uma espécie de biografia ficcional da autora. É este talvez o aspecto mais importante dos três livros de Lygia. O que se percebe, no conjunto, é um esboço autobiográfico que recusa o modelo clássico e envereda por aquilo que seria o verdadeiro ofício do escritor: escrever. A biografia de um escritor se faz a partir de seus livros, sua vida só interessa se transformada em artifício, em artefato de papel e tinta.

Flávio Carneiro para a edição de 8 de setembro de 2007 do jornal *O Globo*.

Lygia Fagundes Telles chega à sala de seu apartamento, no bairro paulistano dos Jardins, com seu mais novo rebento nas mãos: "É que nem bolo saído do forno". Ela acaba de lançar *Conspiração de Nuvens*, que reúne contos de ficção, crônicas, testemunhos e relatos inéditos. "Uma memória fantasiada", resume.

As dezenove histórias nos levam à infância passada no interior de São Paulo e também aos tempos de juventude e maturidade. Da fase de estudante de direito da Faculdade do Largo São Francisco, onde ela se formou, às lembranças de viagem com o segundo marido, o cineasta e crítico de cinema Paulo Emílio Sales Gomes (1916-77), há um pouco de tudo, inclusive episódios com figuras célebres da intelectualidade brasileira, como o conto "Solo de Clarineta", no qual lembra a amizade com o escritor Erico Verissimo.

Lygia começou a escrever há um ano, logo depois da morte de seu único filho, o cineasta Goffredo Telles Neto, aos 52. "De um certo modo, eu me transformei numa espécie de testemunha dele e de mim. Quando ele morreu, eu pensei: 'O que estou fazendo aqui? Vou morrer junto?'. E decidi escrever. Sobre ele, nunca; isso eu não poderia fazer, mas de um certo modo, a lembrança do meu filho está em tudo."

Conspiração vem fechar o ciclo de memória e fantasia que Lygia iniciou em obras anteriores, com *Invenção e Memória* (2000) e *Durante Aquele Estranho Chá* (2002).

Chantal Brissac para a edição de 9 de setembro de 2007 da *Folha de S.Paulo*.

Autora de importantes e premiadas obras, como *As Meninas* (1973) e *A Noite Escura e Mais Eu* (1995), Lygia Fagundes Telles chega aos 84 anos sem deixar de lado a criação literária. A autora que publicou, em 1938, aos quinze anos, o livro de contos *Porão e Sobrado*, patrocinado pelo pai, apresenta em setembro a 15ª obra da carreira. Isso se aí não forem incluídas as edições esgotadas e as antologias.

Titular da cadeira 16 da Academia Brasileira de Letras, com obras traduzidas para inglês, russo e sueco, e adaptadas para a tevê e para o cinema, Lygia esboça um romance enquanto termina o novo livro, *Conspiração de Nuvens*, composto por dezenove narrativas, todas curtas e inéditas. Algumas são relatos reais, outras, como ela mesmo define, transitam entre "quase memória" e "quase ficção".

Infância, juventude, viagens e o ofício de escrever dividem espaço com os perfis de Machado de Assis, Erico Verissimo, e também do marido, o intelectual e crítico de cinema Paulo Emílio Sales Gomes (1916-77).

Conspiração de Nuvens é o primeiro livro inédito de Lygia depois de adicionar ao currículo, pelo conjunto da obra, o mais importante prêmio literário destinado a um autor de língua portuguesa, o Camões, em 2005.

Ana Luísa Vieira para a edição de setembro de 2007 da revista *Carta Capital*.

Na imagem do marcador que acompanha *Conspiração de Nuvens*, Lygia Fagundes Telles está com um cigarro na mão. Seria apenas um detalhe, não encontrasse o leitor crônicas aparentemente inofensivas, sem quaisquer danos evidentes à saúde. Não são. Tocam a ficção e mais: trazem embutidas na linguagem pequenas surpresas de alcance moral.

[...] Por meio de um texto em que se ouve uma voz meiga e carinhosa, a autora engana pelas beiradas, caminha lentamente sobre um tom de vovó contando histórias da infância, da juventude, da iniciação na vida adulta, dos amores. Lygia não é tão boazinha quanto aparenta, vai narrando devagarinho, juntando memória e invenção (como ela gosta de fazer), para, de repente, dar o bote. A tragada, a fumaça que desce ao pulmão, espalha seus prazeres pelo sangue, sobe à cabeça e desequilibra — tontura danada de gostosa. A partir daí, é vício, é literatura-alcatrão. E quem não estiver satisfeito que saia da sala, vá respirar ar puro lá fora. Aqui dentro, na languidez da linguagem, ficam os espíritos dos leitores entorpecidos pelo prazer.

Sérgio de Sá para a edição de 6 de outubro de 2007 do jornal *Correio Braziliense*.

Há ainda aquela Lygia que faz questão de presentear os amigos com *Conspiração de Nuvens*, seu mais recente lançamento. Um livro impecável. Não encontro outra palavra para a escrita de Lygia. Densa, ainda que solta, leve, fluida. Penetrante. Não há uma palavra a mais, uma palavra a menos. Na medida. Poucos escritores brasileiros escrevem com tanta poesia, elaboração. Ela conseguiu me fazer chorar com "Elzira", o primeiro conto de *Conspiração de Nuvens*. A emoção foi irreprimível. Elzira morreu virgem e fazia versos. Viveu um amor impossível e preferiu morrer, colocando toalhas molhadas no peito até ficar tuberculosa. Seus versos foram com ela no caixão. Eram bons ou ruins seus poemas? Nunca se saberá, o mistério permanece.

Não contenho a inveja ao ver como ela mantém a forma, desaparecida a idade. Lygia é intemporal, é de todos os tempos, é atual e clássica. Do amor impossível de Elzira ela salta para uma conversa com ela mesma sobre a gênese de histórias que marcaram seus livros.

[...] Talvez Lygia nos desconcerte, porque esse seu livro é composto de breves iluminuras, instantâneos que podem ser crônicas, mas têm o jeito de contos. No fim das contas, *Conspiração de Nuvens* é um pequeno — e necessário — breviário.

Ignácio de Loyola Brandão para a edição de novembro de 2007 da revista *Vogue*.

A Autora

Lygia Fagundes Telles nasceu em São Paulo e passou a infância no interior do estado, onde o pai, o advogado Durval de Azevedo Fagundes, foi promotor público. A mãe, Maria do Rosário (Zazita), era pianista. Voltando a residir com a família em São Paulo, a escritora fez o curso fundamental na Escola Caetano de Campos e em seguida ingressou na Faculdade de Direito do Largo São Francisco, da Universidade de São Paulo (USP), onde se formou. Quando estudante do pré-jurídico cursou a Escola Superior de Educação Física da mesma universidade.

Ainda na adolescência manifestou-se a paixão, ou melhor, a vocação de Lygia Fagundes Telles para a literatura, incentivada pelos seus maiores amigos, os escritores Carlos Drummond de Andrade, Erico Verissimo e Edgard Cavalheiro. Contudo, mais tarde a escritora viria a rejeitar seus primeiros livros porque em sua opinião "a pouca idade não justifica o nascimento de textos prematuros, que deveriam continuar no limbo".

Ciranda de Pedra (1954) é considerada por Antonio Candido a obra em que a autora alcança a maturidade literária. Lygia Fagundes Telles também considerava esse romance o marco inicial de suas obras completas. O que ficou para trás "são juvenilidades". Quando da sua publicação o romance foi saudado por críticos como Otto Maria Carpeaux, Paulo Rónai e José Paulo Paes. No mesmo ano, fruto de seu primeiro casamento, nasceu o filho Goffredo da Silva Telles Neto, cineasta, que lhe deu as duas netas: Lúcia e Margarida. Ainda nos anos 1950, saiu o livro *Histórias do Desencontro* (1958), que recebeu o prêmio do Instituto Nacional do Livro.

O segundo romance, *Verão no Aquário* (1963), prêmio Jabuti, saiu no mesmo ano em que já divorciada casou-se com o crítico de cinema Paulo Emílio Sales Gomes. Em parceria com ele escreveu o roteiro para cinema *Capitu* (1967), baseado em *Dom Casmurro*, de Machado de Assis. Esse roteiro, que foi encomenda de Paulo Cezar Saraceni, recebeu o prêmio Candango, concedido ao melhor roteiro cinematográfico.

A década de 1970 foi de intensa atividade literária e marcou o início da sua consagração na carreira. Lygia Fagundes Telles publicou, então, alguns de seus livros mais importantes: *Antes do Baile Verde* (1970), cujo conto que dá título ao livro recebeu o Primeiro Prêmio no Concurso Internacional de Escritoras, na França; *As Meninas* (1973), romance que recebeu os prêmios Jabuti, Coelho Neto da Academia Brasileira de Letras (ABL) e "Ficção" da Associação Paulista de Críticos de Arte (APCA); *Seminário dos Ratos* (1977), premiado pelo PEN Clube do Brasil. O livro de contos *Filhos Pródigos* (1978) seria republicado com o título de um de seus contos, *A Estrutura da Bolha de Sabão* (1991).

A Disciplina do Amor (1980) recebeu o prêmio Jabuti e o prêmio APCA. O romance *As Horas Nuas* (1989) recebeu o prêmio Pedro Nava de Melhor Livro do Ano.

Os textos curtos e impactantes passaram a se suceder na década de 1990, quando, então, foi publicado *A Noite Escura e Mais Eu* (1995), que recebeu o prêmio Arthur Azevedo da Biblioteca Nacional, o prêmio Jabuti e o prêmio Aplub de Literatura. Os textos do livro *Invenção e Memória* (2000) receberam os prêmios Jabuti, APCA e o Golfinho de Ouro. *Durante Aquele Estranho Chá* (2002), textos que a autora denomina de "perdidos e achados", antecedeu *Conspiração de Nuvens* (2007), que mistura ficção e memória e foi premiado pela

APCA. Em 2018 publica *Os Contos*, reunião de sua produção no gênero iniciada nos anos 1970.

Em 1998, foi condecorada pelo governo francês com a Ordem das Artes e das Letras, mas a consagração definitiva viria com o prêmio Camões (2005), distinção maior em língua portuguesa pelo conjunto da obra.

Lygia Fagundes Telles conduziu sua trajetória literária trabalhando ainda como procuradora do Instituto de Previdência do Estado de São Paulo, cargo que exerceu até a aposentadoria. Foi ainda presidente da Cinemateca Brasileira, fundada por Paulo Emílio Sales Gomes. Foi membro da Academia Paulista de Letras e da Academia Brasileira de Letras. Teve seus livros publicados em diversos países: Portugal, França, Estados Unidos, Alemanha, Itália, Holanda, Suécia, Espanha e República Checa, entre outros, com obras adaptadas para tevê, teatro e cinema.

Vivendo a realidade de uma escritora do terceiro mundo, Lygia Fagundes Telles considerava sua obra de natureza engajada, comprometida com a difícil condição do ser humano em um país de tão frágil educação e saúde. Participante desse tempo e dessa sociedade, a escritora procurava apresentar através da palavra escrita a realidade envolta na sedução do imaginário e da fantasia. Mas enfrentando sempre a realidade desse país: em 1976, durante a ditadura militar, integrou uma comissão de escritores que foi a Brasília entregar ao ministro da Justiça o famoso "Manifesto dos Mil", veemente declaração contra a censura assinada pelos mais representativos intelectuais do Brasil.

Lygia Fagundes Telles já declarou em uma entrevista: "A criação literária? O escritor pode ser louco, mas não enlouquece o leitor, ao contrário, pode até desviá-lo da loucura. O escritor pode ser corrompido, mas não corrompe. Pode ser solitário e triste e ainda assim vai alimentar o sonho daquele que está na solidão".

Morreu em São Paulo, em 3 de abril de 2022.

Na página 121, retrato da autora feito por Carlos Drummond de Andrade na década de 1970.

Esta obra foi composta
em Utopia e Trade Gothic
por Raul Loureiro
e impressa em ofsete pela
Gráfica Paym sobre papel
Pólen Bold da Suzano S.A.
para a Editora Schwarcz
em julho de 2025

FSC
www.fsc.org
MISTO
Papel produzido
a partir de
fontes responsáveis
FSC® C133282

A marca FSC® é a garantia de que a madeira utilizada na fabricação do papel deste livro provém de florestas que foram gerenciadas de maneira ambientalmente correta, socialmente justa e economicamente viável, além de outras fontes de origem controlada.